KB041548

현상학의 지평

Phänomenologie zur Einführung

Phänomenologie zur Einführung

by

Ferdinand Fellmann

현상학의 지평

Phänomenologie zur Einführung

페르디난트 펠만 지음
최성환 옮김

서광사

이 책은 Ferdinand Fellmann의 *Phänomenologie zur Einführung*(Junius Verlag GmbH, 2006)을 완역한 것이다.

현상학의 지평

Phänomenologie zur Einführung

페르디난트 펠만 지음

최성환 옮김

펴낸이 | 김신혁, 이숙

펴낸곳 | 도서출판 서광사

출판등록일 | 1977. 6. 30.

출판등록번호 | 제 406-2006-000010호

(413-756) 경기도 파주시 교하읍 문발리 534-1

대표전화 (031) 955-4331 팩시밀리 (031) 955-4336

E-mail: phil6161@chol.com

http://www.seokwangsa.co.kr | http://www.seokwangsa.kr

제1판 제1쇄 펴낸날 — 2014년 4월 20일

ISBN 978-89-306-1510-5 93160

/서문/

현상학적 철학에 다가가기

20세기 독일철학의 주요 흐름에 속하는 "현상학"은 에드문트 후설(Edmund Husserl, 1859-1938)이 자신의 연구방향에 붙인 이름이다. 후설과 함께 '현상학적 철학함'에 속하는 철학자는 단지 가장 유명한 인물들만 열거해도 셸러, 하이데거, 메를로-퐁티, 사르트르 그리고 데리다 등이다. 이들 모두는 자신들의 출발점을 후설의 저술들에서 취하고 있다. 이 저술들은 후설이 살아 있을 때 단지 일부분만 책의 형식으로 출간되었고, 엄청난 양에 이르는 대부분의 연구(성과)는 원고 상태로 남아 있었다. 이것들은 벨기에 루뱅(Louvain) 대학의 〈후설 문고〉(Husserl-Archiv)에 보존되어 있다가 1950년부터 『후설 전집』("Husserliana", 이후에는 'Hua'로 약함)으로 출간되었다. 여기서 특기할 만한 것은 후설의 엄밀한 학문적 형식에서 작성된 저술들이, 예컨대 실존주의와 같은 비학술적인 정신 사조의 성장을 위한 더할 나위 없는 원천이 되었다는 점이다. 이 저술들은 마르크스주의 사상가들도 논쟁으로 끌어들였다. 이 저술들의 폭넓은 영향은 현상학이 하나의 체계 혹은 학파 이상이라는 것을 함축한다. 현상학은 현상학의 이름이 언급되지 않은 곳에서도 영향력을 발휘했던 하나의 사고형식 혹은 심지어 하나의 삶의 형식이다. 그런 연유로 사람들은 이미 오래전에 "현상학적 운동"에 대해 말했으며, 이것은 현상학적 정신의 보편성 요구를 제대로 나타낸 것이다. 분과학문의 경계를 넘어서 현상학은 특히 문학, 실제로 문학적 산문(Prosa) 자체에서 세계의 고찰방식을 각인했다.

"현상학"이라는 이름은 헤겔의 『정신현상학』을 연상시키지만, 문제의 핵심에서(in der Sache) 현상학적 철학은 독일관념론의 사고형식과 거의 관계가 없다. 후설은 경험론과 실증주의의 신세를 지고 있는, "현상성의 명제"(Satz der Phänomenalität)에서 시작하는 19세기 철학적 심리학의 전통에서 움직인다. 이 명제는 라인홀트(K. L. Reinhold, 1757–1823)의 "의식의 명제"(Satz des Bewußtseins)를 개조한 것이며, 모든 경험은 의식의 사실이라는 조건 아래 놓여 있다는 것을 뜻한다. 그러므로 현상학은 항상 주관적 체험, 즉 경험대상들의 "소여방식들"(Gegebenheitsweisen)[1]에서 나아간다. 칸트의 초월적 관념론[2]

1 역주: 최근의 번역에서 'das Gegebene', 'die Gegebenheit'는 '주어짐', '주어진 것' 등으로 표기되고 있다. 여기서는 문장의 흐름에 따라 명사 '소여'와 동사적 의미의 '주어진 것'을 함께 사용한다.

2 역주: 현상학뿐만 아니라 칸트철학에서 용어 'transzendental'과 관련해서 국내에서 '선험적', '초월적', '초월론적'과 같은 다양한 해석 가능성에 대한 주장이 제기되고 있다. 현상학에서는 대표적인 것이 이남인이 지은 『현상학과 해석학: 후썰의 초월론적 현상학과 하이데거의 해석학적 현상학』, (서울대출판부, 2004), 332–338쪽의 설명과 에드문트 후설이 지은 『형식논리학과 선험논리학: 논리적 이성비판 시론』(이종훈/하병학 옮김)(나남, 2010), 77–78쪽(역주: 16)의 해설 그리고 「김영진, 작동개념으로서의 선험성–칸트와 후설의 경우」(『칸트연구』, 25집, 2010)이다. 칸트철학에 대해서는 백종현의 「칸트철학에서 '선험적'과 '초월적'의 개념 그리고 번역어 문제」(『칸트연구』, 25집, 2010)에서 이 문제를 상세히 다루고 있다. 이 텍스트에서는 펠만이 3.1. Transzendentalismus에서 "누군가 무조건 'transzendental'이라는 표현을 고집하려 한다면 이것은 칸트를 벗어나는 의미에서 이해될 수 있다"고 밝히고 있는 점으로 고려할 때 용어를 칸트철학과 같이 통일적으로 표기하는 어렵다. 그러나 'Apri-

과 달리 후설은 현상의 세계를, 이것들이 개념적 기호로 바뀌기 전에 자연적 경험에서 인간에게 주어진 것처럼 고찰한다. 동시에 대상들은 그 부동성(Festigkeit)과 즉자 존재(An-sich-sein)를 박탈당하며 경험과정으로 환원된다. 이 과정의 법칙을 탐구하는 것이 현상학의 중심 과제이다.

현상주의 혹은 심지어 허구주의라는 오해를 야기할 수 있기 때문에 비판자들은 일찍이 의식내용을 "현상들"로 부르는 것이 목적에 부합하지 않는다고 평가했다. 후설은 이것을 자신의 언어사용에서 제거할 수 없었다. 그는 현상성을 버클리(G. Berkeley, 1685-1753)처럼 주관주의적으로 파악하지 않았다. 후설은 "현상"을 기만적 가상으로서 현실에 대립하여 제시하지 않았다. 현상들에게 진리관계는 본질적이며, 후설에게 이 관계는 더 이상 거슬러 올라갈 수 없는 자기의식의 명증성에서 생겨난다. 감각적 직관을 아주 높이 평가함에도 불구하고 후설은 동시에 칸트의 선험주의와 친밀한 데카르트적 형태의 엄격한 합리주의를 옹호한다. 물론 후설 제자들, 특히 하이데거는 현상개념을 다르게 해석하려고 시도한다. 그러나 비록 "현상학"이라는 명칭이 포기되어졌어도, 직관(Anschauung)만이 참된 인식을 정당화할 수 있다는 현상학적 탐구의 근본 이해는 오늘날까지 유지되어 왔다.

orismus' (선험주의)라는 표현과 구별하기 위해 이 텍스트에서는 'transzendental'과 'Transzendentalismus'를 각각 '초월적'과 '초월주의'로 표기한다. 그러나 혼선을 피하기 위해 이미 번역된 책 제목의 경우 그 표기방식을 따른다.

역사적 거리

현상학적 철학에 접근하는 것은 역설적으로 후설 텍스트를 다루기 어렵게 만드는 역사적 거리에서 반성할 때에만 가능하다. 오늘날의 독자는 후설 텍스트를 접하게 되면 마치 자기만족에 빠진 낯선 정신의 세계로 들어선 것처럼 느낀다. 그것은 먼저 완고한 용어, 특히 실질적 논의를 항상 철학자의 자기이해와 결합시키는 열정적 문체 때문이다. 최종적 문제가 해결되지 않고는 "진정코 진실되게 살 수 없다"(Hua II, VIII)[3]라는 후설의 신념은 그의 상론(詳論)에, 동시대인들을 매우 열광시켰던 실존적 긴박함을 부여한다. 하이데거의 저술들은 이 인상을 더욱 강화시켰다. 반면 이미 오래전부터 해외의 관찰자에게 프라이부르크(Freiburg)의 문체는 "과장과 거드름"으로 나타났다. 그래서 현상학에 접근하려는 자는 매우 비현실적인 느낌을 주는 용어와 친숙하게 되는 것 이외에 다른 방법이 없다. 다행스럽게 그 사이에 탁월한 보조수단이 있다. 그것은 비엔나의 현상학자인 페터(H. Vetter)가 편집한 『현상학 개념사전』(*Wörterbuch der phänomenologischen Begriffe*, 2005)이다. 이 사전에는 용어들이 해명되고 원본에서의 위치가 진술되어 있다.

독자들도 문제제기에 익숙해져야만 한다. 후설의 사고는 절대적 명증성에 대한 요구에 의해 특징지어진다. 그는 이것을 순수한 직관적 인식형식으로서의 "직관"(Intuition)에서 발견한다. 직관만이 "근본성"(Radikalität), 즉 개념을 통해 다가갈 수 없는 소여의 요구를 충족

3 역주: 에드문트 훗설, 『현상학의 이념: 엄밀한 학으로서의 철학』(이영호, 이종훈 옮김), 서광사, 1988, 46쪽.

시킨다고 한다. “제일 철학” 혹은 형이상학의 근대적 형식으로서의 현상학을 다룬 수많은 서술에서는 ‘근본적’ (radikal)이라는 표현이 가장 빈번하게 사용되는 표현들 가운데 하나이다.[4] 이를 통해 후설은 그가 “근원적 건립함”(Urstiftung)이라 부르는 사고의 절대적 출발을 묘사한다. 그는 그와 같은 종류의 기초놓기(Grundlegung)[5]없이는 철학함의 어떤 엄밀한 학문적 진보도 존재할 수 없다는 입장이다. 그에게 철학은 “근본학”의 위상을 보유한다. 이것은 칸트 이후 피히테에 의해 대변된 보편적 지식론의 위상이다. 그에 반해 가설수립은 단순한 기술론으로 매도되었다. 후설의 이상은 직관에 기초한 “진리의 논리”(Logik der Wahrheit)이다. 이것은 방향설정적 실천을 위해 실행된 “결과의 논리”(Logik der Konsequenz)를 능가한다.

이 근본 태도를 오늘날의 철학적 사고와 비교해보면 그 차이가 더 이상 클 수 없을 만큼 분명하다. 오늘날 철학은 그 타당성 요구를 명백히 후퇴시켰다. 근원들을 탐구하는 대신 결과에 대한 실용적인 방향설정이 지배적이다. 동시에 진리는 그 절대성의 요구도 상실한다. 이러한 전개는 과학적 지식의 성장이 자신의 전제에 대한 해명에 계속 연계되는 하나의 과정으로 독립함으로써 생겨난다. 그리하여 현대의 지식사회에서는 지식이 무엇인지 그리고 어떻게 우리가 지식을 다루어야만 하는지라는 물음이 중요하다. 결론적으로 철학의 합리성과 전문학문의 합리성 사이의 경계가 더 이상 그렇게 엄격하게 설정되지 않는다: [이제] 형이상학과 경험적 분석은 서로 관통한다.

---

4 역주: ‘radikal’, ‘Radikalität’는 ‘철저한’, ‘철저성(함)’ 등으로 번역되기도 하지만 여기서는 ‘근본적’, ‘근본성’으로 표기한다.

5 역주: 이 번역에서 ‘Grundlegung’은 ‘기초놓기’로 ‘Begründung’은 ‘정초’ 혹은 ‘근거지음’으로 표기한다.

현대의 사고형식의 변동을 고려하면 현상학이 지난 수십 년 동안 더 이상 동의를 얻지 못했다는 것은 놀라운 일이 아니다. 후설 생존시대에 가졌던 영향력과 비교해보면 현상학은 오늘날 오히려 학문적 논의의 주변부로 밀려나 보잘 것 없는 지위를 가지고 있다. 예컨대 독일 통일 이후부터 15년 동안 독일연방의 새로운 주(州)에서[6] 현상학자들이 석좌교수직을 보유한 적이 없다. 이런 상황에서 현상학을 다룬다는 것이 가치 있는 것인가? 이러한 노력이 철학적 정신을 오늘날 움직이는 물음에 어떤 답변을 기약하는가? 여기에 대해 어떤 긍정적인 대답을 제공하기 위해서는 후설의 텍스트를 '부분적으로 결에 거슬러 읽는 것' (streckenweise gegen den Strich zu lesen)이 불가피하다. 이것이 필요한 이유는 손자 세대가 그의 유산을 주로 학술적으로 다루어왔으며, 그의 용어의 속박에서 결코 벗어날 수 없었기 때문이다. 이것이 성취된다면, 비로소 시간적으로 제약된 외피에서 벗어나 오늘날 현상학 다루는 것을 어느 때보다 더 값진 것으로 보이게 하는 근원적이며 영원한 통찰이 나타날 것이다.

현대철학의 주요 흐름과의 관계

현상학에 숨겨진 풍부한 사상은 현대철학의 주요 흐름과 비교해보면 가장 잘 드러난다. 모든 사조들은 현상학과 거리를 두고 있지만, 이것이 주제적으로(sachlich) 뿐만 아니라 역사적으로 입증 가능한 잠재의식적 결합이 존재한다는 것을 배제하지 않는다. 명백히 후설에 대항하

6 역주: 통일 이전 동독지역에 속했던 주(州)들을 의미한다.

는 분석철학의 사상가들, 예를 들면 길버트 라일(Gilbert Ryle, 1900-1976)에게조차도 현상학적 발상은 결코 완전히 사라지지 않았으며, 항상 배후에서 작용했다. 그런 면에서 최근 상이한 방향에서 현상학으로의 복귀가 관찰된다는 것은 뜻밖의 일이 아니다. 그러나 이러한 복귀는 현상학 스스로가 새로운 길로 나아갈 때 지속된다.

경쟁자들 가운데 첫 번째로 카시러(E. Cassirer, 1874-1945)의 『상징형식의 철학』(1923/29)에 접목한 신칸트학파를 들 수 있다. 이 학파는 학술적인 작업에서 여전히 중요한 지위를 차지하고 있다. 신칸트학파는 자신의 입장을 소여에 대한 실증주의적 정향의 궁극적인 극복으로 생각한다. 그래서 이 학파는 현상학에서 경험론으로의 회귀를 인식한다. 이러한 평가는 현상학과 신칸트학파 사이의 경쟁이 오히려 두 적대적인 형제들이라는 것을 간과한다. 후설도 데카르트적 코기토(*Cogito*)에서 출발하기 때문에 합리주의적 주체철학의 연장선상에 놓여 있다. 그러므로 후설 스스로가 그의 실증주의적 출발에서 벗어나 신칸트주의자들의 초월적 관념론에 접근했다는 것은 놀라운 일이 아니다. 반대로 독일 서남학파(신칸트학파)의 수장인 리케르트(H. Rickert, 1863-1936)는 그의 말년에 직관주의적 사고로 분명히 돌아섰다. 실제로 여기에 오늘날에도 두 사조의 상호 융합을 위한 관점을 열어주는 유사성이 존재한다.

유사한 관계가 독일 현대철학의 다른 지배적 사조인 해석학에서도 전개된다. 해석학은 가다머(H.-G. Gadamer, 1900-2002)라는 이름과 연결되며, 딜타이(W. Dilthey, 1833-1911)가 그 창시자로 간주된다. 후설은 명백히 딜타이의 역사주의와 거리를 두었다. 그러나 하이데거는 이미 『존재와 시간』에서 딜타이의 역사성 개념을 현상학적 현존재 분석에 동화시켰으며, 이것이 바로 "현사실성의 해석학"이라 불린다. 하이데거의 충실한 제자인 가다머 역시 후설의 데카르트적 방법 이상과 순수한 인식론적 문제제기와 거리를 둔다. 그의 진리개념은, 예술작품에서 순수한 주관적 관점을 언제나 이미 극복한, 미적 경험에 정향한다. 이것은 해석학적 경험이 선호하는 매체인 언어에도 해당된다.

대상적 파악에 집중하는 후설의 노력에 철학적 해석학이 거리를 두기도 하지만 공통점도 있다. 이것이 『진리와 방법』(1960)에서 후기 후설에 대해 체계적으로 유의미한 위상을 인정하게끔 가다머의 마음을 움직였다. 후설의 업적은 플라톤적 이념을 역동적으로 운용하고, 그것과 연결해서 체험을 상호주관성과 그 생활세계적인 현상형식으로까지 확장한 것에 있다고 한다. 이런 의미에서 또한 마티아스 융(M. Jung)이 『해석학 입문』(2001)에서 대변하는, 현대적이며 더 실용주의적으로 실행된 해석학의 계속적 발전은 현상학과의 만남을 통해 시너지를 창출할 수 있다.

가설수립과 패러다임 형성이라는 반증주의 모델과 더불어 현대의 과학이론은 후설이 대변하는 직관의 선험주의와 함께 거의 아무것도 하지 못한다. 하지만 과학이론의 출발점으로서 자연적 경험의 평가를 고려하면 공통점이 존재한다. 그리하여 포퍼(Karl R. Popper, 1902-1994)는 "위로부터"(von oben) 과학적 인식과정을 재구성함에도 불구하고 생활세계적 문제제기를 탐구의 논리에서 추동력으로 간주한다. 현상학에 대한 유사성이 "에어랑겐 학파"의 구성적(konstruktiv) 과학이론에서 더 강하게 등장하는데, 이 학파는 과학을 단계적이며 순환에서 벗어나서 건립(Aufbau)할 때 자연적 경험에서의 현상학적 발상을 수용한다. 설령 이 학파가 후설의 구성이론(Konstitutionslehre)의 위치에 실용적 · 절차적 구성 원리를 세운다고 하더라도 그 정초(定礎)이론적 방법론주의(begründungstheoretischer Methodologismus)

는 직관주의적 요소가 전혀 없이는 지탱하지 못한다. 1980년대 글라스펠트(E. v. Glaserfeld)와 포에르스트(H. Foerster)에 의해 그 유행의 절정에 도달했던 "근본적 구성주의"(der radikale Konstruktivismus) 조차도 그것이 내세우는 것처럼 그렇게 근본적이지 않다. 구성과 현상은 특히 진화생물학적 서술에서 분리되지 않는다. 문학에서도 슈미트(Siegfried J. Schmidt)에 의해 유포된 구성주의는 최근 의미형성의 자립적 형식으로서 서사성(Narrativität)을 진지하게 받아들이며, 그와 동시에 하이데거의 현상학적 현존재분석과의 연결점을 찾았다.

더 복잡한 것은 사회철학과 현상학의 관계이다. 후설은 사회화의 문제들을 전혀 다루지 않았으며, 변증법의 정신도 그에게 낯설다. 베버(M. Weber, 1864-1920)와 헤겔은 그의 저서에 찾아볼 수 없다. 그러나 이것을 사회과학의 대표자들이 후설의 구성이론에 연결해서 역사적 세계의 건립을 재구성하는 것을 방해하지는 않았다. 슈츠(A. Schütz, 1899-1959)는 뉴욕의 사회과학연구소(New School for Social Research)에서 일상에 관한 이해사회학의 현상학적 변형을 발전시켰다. 그러나 이 방향은 변증법적 유물론의 진영에 의해 날카롭게 비판되었다. 프랑크푸르트학파, 특히 아도르노(Theodor W. Adorno, 1903-1969)도 1950년대 "비판이론"과 현상학적 지식사회학 사이에 분명한 경계를 설정했다. 그렇다고 이것이 나중에 두 진영 사이에서 이루어진 접근노력을 막을 수는 없었다. 그의 강의『인식과 관심』(1965)에서 분명히 순수이론이라는 후설의 이상에서 벗어나 있는 하버마스는 생활세계로의 전회를 나중에 의사소통적 행위이론으로의 연결점으로 활용했다.

마지막으로 분석철학적 사고와 현상학의 관계가 언급될 수 있다.[7]

투겐트하트(E. Tegendhat, 1930-)와 같은 독일 분석철학의 저명한 대표자들은 현상학을 "유심론"(Mentalismus)으로 여겨 거부하고, 언어적 세계해명의 이해에서 현상학의 활용가능성을 맹렬히 논박했다. 그러나 여기에서도 경계는 일견 그렇게 보이는 것처럼 결코 헤쳐 나갈 수 없는 것은 아니다. 적어도 역사적 탐구는 분석철학과 현상학의 공통적 원천이 존재한다는 것을 가리킨다. 이 원천을 두 사조(思潮)에서 망각했거나 떨쳐버리려고 애썼다. 항상 문제가 되는 것은 어디서나 의의들(意義, Bedeutungen)[8]이 무엇이며, 그것이 어떻게 생겨나는지와 같은 물음이다. 물론 두 진영의 정통적인 대표자들은 분석철학과 현상학이 상호 보완적이라는 통찰과는 거리가 멀었다. 이것을 진보적 분석철학자들이 그사이에 깨닫게 되었다. 오래 시간 동안 금기시된 현상학은 후기-분석철학(post-analytisch)의 "심리철학"(Philosophie des Geistes)의 영역에서 뚜렷하게 높이 평가된다. 심리철학에서 "감각질"(qualia)이라 불리는 그 특성과 함께 현상학적 의식, 그러나 또한 서술과 서사와 같은 표현방식들도 다시 철학적 반성의 대상들로서 인정되고 언급된다.

유감스럽게도 분석철학자들의 측면에서 현상학에 접근하려는 시도가 어떤 조건 아래에서 이루어졌다는 점이 간과될 수 없다. 이 철학자들에 따르면 문장들에 우위가 부여된다. 이는 말하자면 세계가 체험에 반해 불가피하게 언어적으로 해명되었다는 데 기인한다. 단지 보편적

---

7 역주: 독일어 'sprachanalytisch'는 직역하면 '언어분석적'이지만 우리나라에서 일반적으로 영미의 언어분석적 사고 혹은 철학을 '분석철학'으로 부르기에 여기서도 통일하여 '분석철학적'으로 표기한다.

8 역주: 이 텍스트에서는 'Sinn'과 'Bedeutung'을 각각 '의미'와 '의의'(意義)로 표기하며, 'Bedeutungstheorie'는 '의의론'(意義論), 'Semantik'은 '의미론'(意味論)으로 일관되게 표기한다.

관계체계로서의 언어가 균열을 드러내는데, 이것은 현상학에 의해 메워질 수 있다. 의식의 직접적 소여는 상징적 형식과 기능의 대양(大洋)에서 흡사 "섬들"과 같은 것을 형성한다. 이것들을 통해 인간은 자신의 세계를 구성한다. 현상학자들의 입장에서는 당연히 이 제안을 수용할 수 없는 것이다. 그들은 의식상태가 일차적으로 진술적 성격이 아니라는 것을 확고히 해야만 한다. 또한 감각지각도 선(先)술어적으로 이미 의의들을 제공하며, 그와 동시에 세계를 해명하는 기능을 가진다. 비트겐슈타인이 언어사용에 결합시키는 유명한 "무엇으로서 봄"(Sehen-als)은 선(先)언어적 방식으로도 기술된다. 의미이해(Sinnverstehen)는 통속심리학에 의해 확립되며, 타자들의 이해를 가능하게 만드는 보편적 경험의 표본에 의거해서 진행된다. 분명히 언어의 상징적 형식이 인간의 의식적 삶에 명료성과 일관성을 부여한다. 그러나 이 형식들은 독립할 수도 있으며, 실존적 의미에서 꾸준히 이해되기 위해 항상 되풀이해서 체험의 주체성에 다시 결속하는 것이 필요하게 된다. 그런 면에서 현상학이 없는 분석철학은 맹목(blind)이며, 분석철학이 없는 현상학은 공허하다(taub).

현상학은 여전히 중요하다

현상학의 위상에 대한 이러한 피상적인 개관에 의거하여 오늘날의 철학함의 상황에서 다음은 명백한 사실로 말할 수 있다: 현상학은 20세기 후반부에 불충분하게 노출되었지만, 그를 통해 적지 않은 영향력을 행사하는 인간 경험의 주관적 측면을 지배한다. "데카르트의 극장"(cartesischen Theater)에 대한 실용주의와 행동주의의 비판은 내적 세계를 결코 완전히 사라지게 하지 못했다. 덧붙여 말하자면 『마음의 개념』(1949)이라는 행동주의 고전의 저자인 라일(G. Ryle)이 그의 말년에 이를 스스로 인정했다. 그리하여 오늘날 모든 측면에서 현상학에 접근하려는 시도가 관찰될 수 있다는 것은 새삼스러운 일이 아니다. 이 책은 계속적인 접근을 용이하게 하고 지속적으로 형태지우기 위해 현상학에서 잡동사니를 치우고, 비관습적 해석(Lesart)을 통해 현상학을 오늘날의 문제제기와 연결되는 사고형식으로 부각시키고자 노력한다. 현상학의 근본입장을 향해 상이한 진영들에 의해 제기된 정당한 문제제기들을 물리치지 못한 것은, 특히 첨가된 참고문헌이 그에 대해 상세한 정보를 제공하기 때문에 단순히 역사적인 것으로 제쳐두고자 한다. 또한 이 책의 서술도 언어적으로 후설과 하이데거의 표현방식에 대해 거리를 두려고 노력한다. 두 사람의 표현방식은 그들이 생존했을 때에도 학술적으로 유별나게 내지 과도하게 높이 받아들여졌으며, 패러디를 위한 원인을 제공했다. 단지 주제적이며 언어적인 거리에서 현상학의 유산은 보존되며 우리 시대에 생산적으로 만들어진다. 후설의 강령적 저술인 『엄밀한 학으로서의 철학』(1911)을 통해 표현하자면 "철학들로부터가 아니라, 사태와 문제 자체로부터 탐구의 추진력은 출발해야만 한다."(Hua XXV, 61)[9]

이런 의미에서 현상학적 탐구에 대한 관심이 후설의 고전적 텍스트들을 재생산하거나 해석하며 그의 후계자들에 만족하지 않고, 오히려 그 안에서 오늘날의 문제제기에 대한 답변을 찾는 그러한 사람들 속에서 다시 생겨나기를 바랄 따름이다. 이와 함께 고대 유럽의 철학함이

9 역주: 에드문트 훗설, 『현상학의 이념: 엄밀한 학으로서의 철학』(이영호, 이종훈 옮김), 서광사, 1988, 220쪽.

결코 인식론적 관념론의 칸트적 형태에 제한되지 않으며, 독일에서의 학술 작업을 여전히 지배한다는 것도 아마 분명해질 것이다. 실제로 현상학에서는 경험론적 전통도 계속 명맥을 유지하고 있으며, 미국의 분석철학자들이 종종 비판하듯이 대륙철학이 그렇게 시대에 뒤떨어진 것이 아니다. 지식형식에 관한 물음은 단순히 분석철학적 성격이 아니다. 이 물음은 개념적 명료성과 규정성의 피안에 놓인 경험의 층위들을 향한다. 어떤 지식형식이 우리가 살고 있는 세계를 우리에게 해명하는가? 이 물음이 매스미디어의 시대에서 인간들을 추동하는 불안전성을 명확히 표현한다. 그러나 동시에 진리 물음은 현실 물음의 배후로 사라진다. 아마도 우리가 살고 있는 현실들은 언젠가 환상으로 입증되는 단지 구성에 불과할 수도 있다. 현실은 분석철학이 답하기에는 충분하지 못한 열린 물음이 되었다. 여기에 현상학이 경험이론으로서 다시 현재성을 획득할 수 있는 요점이 놓여 있다.

현상학의 현재성을 명확히 표현하면 다음과 같다: 현상학으로의 접근은 현상학이 다른 현대의 사조와는 달리, '이론적으로' 근본적 구성주의를 통해, 그리고 '실천적으로' 매체를 통해 문제가 되어버린 현실 개념을 주제화하기 때문에 수행할 만한 가치가 있다. 이런 의미에서 현상학은 "현상들의 구출"(Rettung der Phänomene)이라는 고대의 프로그램을 현대적으로 실현하는 것으로 해석할 수 있다. 현상들의 구출은 오늘날 단지, 우리 자신이 만들지만 그 매체화에 의해 계속적으로 불투명해진 현실들(Wirklichkeiten)의 구출 혹은 정당화일 수 있다. 이로써 19세기 철학적 심리학과의 논쟁을 통해 형성된 현상학은 매체과학(Medienwissenschaften)이라는 하나의 새로운 관계점을 획득한다. 매체과학을 위해 현상학은 근본개념적인 해명을 제공한다. 그리하여 현상학의 미래적 형태를 보편적 매체과학 혹은 매체철학으로 정의하는 타당한 근거들이 존재한다. 이러한 관점에서 이 입문서가 전개된다. 이로써 이 입문서는 지난 세기의 역사가 되어버린 철학적 사조의 결산 이상이고자 한다. 현상학이 직면하고 있는 비합리주의라는 비판에도 불구하고 현상학은 21세기에도 계속 생존하고, 심지어 아마도 처음으로 자기 자신의 의식에 도달하며, 그렇게 자신의 가능성을 온전하게 전개할 수 있을 것이다.

/차 례/

1. 현상학의 이념: 의식의 구조학

현상학이 곧 후설과 동일한 것은 아니다. 셸러와 하이데거, 나중에는 사르트르와 메를로-퐁티와 같은 프랑스 사상가들도 현상학에 폭넓게 작용하는 새로운 형태를 부여했다. 그러나 좀 더 면밀히 고찰해보면 궁극적으로 후설의 근원적 사고에 포함된 발상들의 전개가 관건이 된다는 것이 드러난다. 이런 사실은 심지어 셸러의 가치윤리에도 해당하는데, 이것은 종종 후설의 인식론적 문제제기와 나란히 현상학 영역에서 고유한 업적으로서 고찰된다. 그러나 셸러와 후설은 도덕적인 것의 자명성이라는 신념에 의견 일치를 보이는데, 이것은 칸트적 양식에서의 당위윤리학에서는 지나친 것으로 보이게 한다. 완전한(integral) 합리성의 형식으로서의 현상학적 서술에서 실천과 이성은 두 사상가에게 항상 하나이다. 그래서 후설은 진리와 책임을 의식의 두 측면으로 고찰한다. 이런 이유로 현상학의 이념을 위해 그 창시자의 관점에서 출발하는 것은 정당하다.

근본 전제들에 대한 후설의 프로그램에 포함된 것을 몇 문장으로 요약하는 것은 매우 어렵다. "현상학"이라는 단어의 근원적 의의, 즉

"현상에 대한 학설"은 현상학의 이념을 단지 불충분하게만 표현한다. 후설은 당시의 경험심리학의 표현을 빌려왔다. 다른 경험과학들과 마찬가지로 심리학에서는 경험심리학이 과학적 인식과정의 첫 번째 단계, 즉 자료들의 수집과 서술로 이해되며, 그 다음 이 자료들이 귀납의 방법을 통해 이론으로 형성된다. 후설은 현상학의 이러한 근본 의의에 충실하다. 그러나 그는 여기에서 선(先)형식 혹은 전(前)단계 뿐만 아니라 과학으로서의 철학의 전체 작업을 인식한다. 이로써 그는 명백히 전통적인 형이상학의 구성과 사변을 멀리한다. 이것은 과학적 합리성에 대한 하나의 이해인데, 여기에 대해서 후설은 그 당시 논리실증주의와 의견을 같이한다.

일반적인 반(反)형이상학적 경향과 더불어 현상학의 이념은 비로소 그 보편적 형식에서 파악된다. 차별화된 내용적 이해를 위해서는 적어도 겹치는 세 가지 의의들이 구별되어야만 한다. 첫째, 현상학은 논리학과 인식론과 같이 하나의 철학 분과를 지칭한다. 둘째, 현상학은 인식론의 발생적 혹은 비판적 방법처럼 하나의 방법으로 이해된다. 셋째, 후설은 이 이름을 새로운 철학적 학문에 대한 요구와 결합시킨다. 이 학문은 지금까지의 모든 철학을 원본성과 사태내실(Sachgehalt)에서 능가하는 것이다. 이것은 결코 겸손한 요구가 아니며, 이 요구를 충족시키는 것은 현상학자를 어려운 과제와 직면하게 만든다.

1.1. 분과학문으로서의 현상학

맨 앞에 후설의 『논리연구』(1900/01)가 놓여 있다. 그러나 이 책은 형식논리학의 주제들이 아니라 인식론적 문제제기, 예를 들면 어떻게 의식내용이 대상적 의의들로 형성되는지와 같은 물음을 다룬다. 현상학적 논리학은 세계의 논리적 구성을 언어적 진술에서 벗어나 의식의 직접적인 소여로부터 바로 재구성한다는 점에서 올바른 사고이론으로서의 전통적 논리학과 구별된다. 개별 연구에서는(『논리연구』의 세 번째 연구에서) 부분과 전체의 관계처럼 직관과 사고의 근본형식이 중요한 문제이다. 후설의 마지막 책이며, 자신이 발간한 책인 『형식논리학과 선험논리학』(1929)[1]에서 그는 이 발상을 다시 논의하며 계속 발전시켰다.

비록 후설이 『서설』(*Prolegomena*)이라 이름 붙인 1권에서 심리학으로부터 논리학의 해방이라는 기획을 수립했지만(주제어: "심리학주의") 그의 탐구들은 심리학에 명백하게 인접하여 전개된다. 그러나 이것은 실험심리학이 아니라 브렌타노(F. Brentano, 1838-1917), 슈툼프(C. Stumpf, 1848-1936) 그리고 립스(Th. Lipps, 1851-1914)에 의해 실천된 기술(記述)심리학 혹은 이해심리학이다. 경험심리학의 "자연주의"와 거리를 두려는 후설의 노력에도 불구하고 오늘날의 시각에서 볼 때 인지심리학과의 실제적 차이를 인식하기는 매우 어렵다. 그러므로 현상학은 논리학과 심리학의 대립을 "순수심리학"에서 지양하려는 시도로 해석될 수 있다. 분트(W. Wundt, 1832-1920)를 중심으로 하는 경험심리학의 진영에서는 이 심리학을 폄훼하는 투로 공론적인 "이론심리학"(Schreibtischpsychologie)으로 표현했다[2]. 오늘날의

---

1 역주: 에드문트 후설, 『형식논리학과 선험논리학: 논리적 이성비판 시론』(이종훈/하병학 옮김), 나남, 2010.

2 역주: 과거의 심리학자들이 안락의자에 몸을 파묻고 사색에 빠지는 소위 '공론적인' 심리학이었던 것에 반해 분트는 심리학을 실험심리학으로 확립시키려고 노력했다.

학문이론에서는 현상학을 인지과학의 부분으로서 고찰하는 경향이 있다.

후설의 강의 『현상학의 이념』(1907)에서 그는 자신의 현상학을 인식론으로 정의했다. 그에 따르면 문제가 되는 것은 표상이 어떻게 이 표상들의 외부에 있는 대상들과 "맞아떨어질"(treffen)(Hua II, 7)지라는 근본 물음이다.[3] 그보다 앞서 칸트가 그랬던 것처럼 후설은 인식 문제를 의식개념을 통해 분석한다. 물론 여기서 칸트와는 달리 후설에게 중요한 것은 의식의 통일성이 아니라 소여(das Gegebene)가 고유한 문제이다. 소여, 즉 직접적으로 주어진 것은 단지 심리적 상태들 혹은 체험들이다. 그러나 이것들이 철학적으로 "의식"을 의미하는 것을 형성하지 않는다. 여기에 속한 것은 소여와 나란히 항상 사념된 것(ein Gemeintes), 즉 변화하는 상태들에 반해 지속적 의식내용 혹은 대상들이다. 이것들은 소여된 것이긴 하지만 실제로 체험에 포함될 수 있는 것은 아니다. 그런 면에서 "인식"은 순수한 주관적 입장을 대변하는 것이 아니라 대상론적(gegenstandstheoretisch)[4] 탐구를 위한 표

---

3 역주: 에드문트 후설, 『현상학의 이념: 엄밀한 학으로서의 철학』(이영호, 이종훈 옮김), 서광사, 1988, 56쪽.

4 역주: 대상론(對象論, Gegenstandstheorie)은 마이농(A. Meinong, 1853-1920)이 언급한 대상 일반에 관한 이론을 명확하게 하는 철학이론을 말한다. 그 사상적 연원은 라이프니츠와 볼차노의 객관적 논리학에 있으며, 트바르도프스키(Kazimierz Twardowski)도 여러 가지 의미에서 관계가 있다고 보여진다. 직접적으로는 마이농의 스승 브렌타노의 지향적 내부경험의 심리학으로부터 영향받고 있다. 대상론에서 말하는 대상은 그것이 표현 또는 사유될 수 있는가에는 관계없이, 단순히 대상 그 것으로서 보여지되 고유의 본성에 따라서 보여지는 대상인 것이다. 마이농에 따르면 종래에 대상 일반의 고유한 성질에 대한 철학적 연구가 시도되지 않았던 이유는 심리학적인 것과 대상론적인 것이 구별되지 않았기 때문이다. 더 중요한 이유는 대상의 본질이 실재에 있다고 믿었기 때문이라고 한다. 그렇지만 대상론의 입장에서 보면 실재하는 것 전체를 다룬다고 하는 형이상학도 대상 자체의 전반을 다루고 있는 것은

제이다. 후설은 이것을 "인식현상과 인식객체 사이의 이 놀라운 상호관계"라고 부르며, 이것을 해명하는 것을 현상학의 과제로 고찰한다 (Hua II, 12)[5]. 이런 방식으로 그는 처음부터 인식론을 존재론과 결합시킨다. 이 두 분과학문은 당시의 신칸트학파에서 서로 엄격하게 구별되는 두 가지 영역으로 다루어졌다.

현상학은 발전 과정에서 그 탐구영역을 확대했다. 인식문제는 더 이상 개별적 의식으로부터만 철저히 다루어지지 않으며, 후설은 다른 출발점을 선택한다. "생활세계"라는 표식하에 그는 선(先)학문적 경험의 형식들, 즉 인식에 앞선 "인지함"(Kennen)을 분석한다. 그리하여 현상학은 지식사회학의 형식들을 전제한다. 후설 자신은 이 명칭을 사용하지 않았다. 그러나 셸러는 이것을 "현상학"의 위치에 등장시킨다. 현상학은 인식론을 보편적 경험이론, 즉 전체성의 학문(Ganzheitswissenschaft)과 같은 종류로 발전시켰다. 이 학문에서는 인간에 대한 경험과학의 경직된 경계가 사라진다. 대상을 향한 강렬한 정향에도 불구하고 주체성은 우위를 보유하며, 따라서 우리는 현상학을 오늘날의 "심리철학"에 귀속시킬 수 있다.

아니다. 왜냐하면 어떻게 사유되고 표상되는가 하는 것과 상관없이, 결코 실재하지 않는 관념적 대상의 범주는 극히 넓기 때문이다. 관념적 대상은 실재하는 것이 아니라, 존립하는(bestehen) 것이다. 이러한 관념적인 존립을 가지는 모든 것에 대하여 그 고유한 본질을 분명하게 밝히는 것이 바로 대상론이다.

5 역주; 에드문트 훗설, 『현상학의 이념; 엄밀한 학으로서의 철학』(이영호, 이종훈 옮김), 서광사, 1988, 68쪽.

1.2. 방법으로서의 현상학

후설의 현상학은 방법으로도 고찰된다. 방법으로서의 현상학은 특히 셸러에 의해 실현되었는데, 그는 후설과는 내용적으로 다른 주제를 다루었다. 현상학의 방법론적 방향성(Ausrichtung)은 후설이 정식화한 "원리들의 원리"로부터 생겨난다. 이 원리에 따르면 현상학적 탐구는 의식에 직접적으로 주어진 것을 이론에서 벗어나(theoriefrei) 서술하는 데에서 성립한다. 이와 함께 모든 의식내용에 대한 주지주의적인 새로운 해석은 피해야만 한다. 이것은 다른 측면에서 현상학적 기술(記述, Beschreibung)이 자료의 수집과 기록에서 종결되었다는 것을 의미하지 않는다. 실증주의의 기술 프로그램과 달리 후설은 "기술"을 의의형성의 과정을 동반하면서 실행하는 것(Mitvollzug)으로 이해한다. 그리하여 기술은 사람들이 길의 기술 혹은 원의 기술에 대해 말하는 것과 같이 규범적(präskriptive)이 된다.

현상학의 방법인 기술(記述)은 모사와 구성 사이에서 진행된다. 이것은 현상학적 탐구의 방향을 특징짓는 기본원칙에서 표현된다; "사태 자체로!"(Zu den Sachen selbst!) 이 원칙은 1900년 이래 괴팅겐에서 신칸트주의의 방법론주의의 굴레로부터 진정 해방된 것으로서 긍정적으로 받아들여졌다. "사태"(Sachen)라는 표현을 통해 후설은 물론 외적 경험의 대상도, 내적 경험의 내용도 지칭하지 않았다. 그는 "사태"를 사실(Tatsachen)이라는 실증주의의 개념과 동일시하는 것을 엄격하게 거부한다. 이는 원자론적으로 구상된 "의식의 사실"과는 다르게 "사태"들은 항상 이미 의미(Sinn), 의의(Bedeutung)를 포괄하기 때문이다. 따라서 현상학적 의미에서 "사태"는 목적론적 개념이다. 그것은 파악된 현실들로 묘사될 수도 있다. "사태 자체로!"라는 슬로건

(Devise)의 요점은 그것으로 심리학의 실험적 방법을 통해 파악되지 않는 주체성의 의미론적 차원이 부각된다는 데 있다. 인간의 행동을 항상 구체적 상황에서 고찰하는 실험심리학과는 달리 현상학은 경험의 이념형적(idealtypisch) 과정을 기술한다.

기술(記述)은 후설이 "본질"이라 부르는 보편적인 것을 목표로 한다. 이때 문제가 되는 것은 보편적 개념 혹은 수학적 법칙이 아니라 직관적 형태이다. 우리가 생물학과 언어학에서 형태론(Morphologie)을 생각한다면 현상학을 '주체성의 형태론'으로 묘사할 수 있다. 체험의 형태를 눈에 띄게 부각시키기 위해 후설은 "환원"이라는 방법을 창안했는데, 이것이 많은 불명료함과 오해를 야기했다. 그는 "형상적" 환원과 "초월적" 환원을 구분한다. 전자는 이상적 형태 혹은 유형을 획득하기 위해서 소여를 상상적으로 적절하게 변경하는 데에서 성립한다. 후설은 이 방법을 나중에 지식의 형식과 삶의 형식으로 확장시키기 위해 먼저 감각적 직관의 형식에 적용한다. 이 방법은 이해사회학과 민속학 분야에서 많은 지지를 받았다.

논란이 많은 것은 초월적 환원이다. 후설은 『이념들』(*Ideen*)에서 이것을 외적 세계의 실재성에 대한 자연적 신념의 배제로 정의했다. 그 문제점에 대해 많은 논란이 있었던 이 태도의 방법적 가치는 사물의 존재로부터 그 소여방식으로 관심을 돌림으로써 자연과학적 범주가 더 이상 적용되지 않는다는 데 있다. 외적 세계의 대상을 실체와 인과성의 범주에서 서술하는 대신, 이제 기술은 그것들이 직관주의적 수학과 집합론에서 일반적인 것과 같이, 구조적이며 기능적인 개념의 도움을 받는다.

이렇게 방법을 조명하면 '사태 자체로!'라는 후설의 방향선회가 어떻게 현상학을 수학 혹은 논리학과 비교할 만한 "이상과학"(理想科學,

Idealwissenschaft)으로 추구하려는 요구와 합치될 수 있는지 이해된다. 물론 그는 "기술적 본질학"(deskriptive Wesenswissenschaft)으로서의 현상학이 수학으로서의 "형상적 학문들(形相學, eidetische Wissenschaften)과는 총체적으로 다른 근본부류"에 속한다고 입증하는 것을 중요시하였다(Hua III/1, 158).[6] 차이는 현상학이 끊임없이 어떤 대상관계를 보유하고 있다는 것, 즉 존재에 대한 학설(Seinslehre) 혹은 존재론(Ontologie)이고자 하는 데 있다. 이것이 초월적 성찰의 필치(Duktus)를 따르는 현상학적 기술의 스타일을 만들어냈다. 후설이 1929년 행한 그의 파리 강연들을 책으로 엮으면서 『데카르트적 성찰』이라는 이름을 붙인 것은 우연이 아니다.

직관과 추상을 서로 결합시키는 현상학적 기술(記述, Beschreibung)의 필치는 분석철학적으로 교육받은 사상가들에게 후설의 텍스트를 낯설게 보이게 한다. 실제로 현대의 인지심리학은 단지 드물게만 현상학과 연관성을 가진다. 이것은 우리가 기술이라는 것을 사실에 대한 단순한 기록, 즉 분석적 의의설명과는 좀 다른 것으로 이해한다면, 원칙적으로 기술의 이념에 반대하지 않는다. 그런 면에서 기술은 현상학적으로 하나의 절차적 개념(ein operativer Begriff)이다. 이런 의미에서 1913년 이미 후설과 밀접한 관계를 가졌던 나트롭(P. Natorp, 1865-1924)은 자신의 『일반 심리학』(*Allgemeines Psychologie*)에서 기술(Deskription)의 방법을 재구성(Rekonstruktion)의 방법으로 고쳐 부르기로 제안했다: "『논리연구』에서 후설 자신은 내용의 현존(Präsentsein)을 현재화(Präsentieren)의 작용을 통해 대체하는 정도

---

6 역주: 에드문트 후설, 『순수현상학과 현상학적 철학의 이념들 1』(이종훈 옮김), 한길사, 2009, 239쪽.

까지 나아간다. 우리가 이러한 인식의 행위 의미(Aktsinn) — 모든 종류의 인식, 즉 재현(Repräsentation)과 현전화(Präsentation) — 를 단지 올바르게 철저히 사고하고, 그것을 완전히 진지하게 취급한다면, 이 '기술'은 필연적으로 '재구성'이 된다."(290) 또한 구성적 학문이론은 이 점에서 방법적으로 현상학과 구별된다(참조: R. Welter, 『생활세계의 개념』*Der Begriff der Lebenswelt*, 285ff.).

1.3. 도전으로서의 현상학

후설은 자신의 현상학을, 고전적 형이상학을 의식이론적 방법으로 복권시키려는 요구와 결합시킨다. 그러나 그는 데카르트처럼 두 가지 실체로서 사고와 연장을 구별하지 않으며, 칸트처럼 경험을 직관과 사고로 세분화하지 않는다. 현상학적 "이성비판"이라는 후설의 기획은 칸트가 단지 신의 몫으로 돌린 "지적 직관"(intellektuelle Anschauung)에 대한 무제한적 신뢰에 의해 지탱된다. 칸트와 달리 후설은 인간에게 소여에서 개념적으로 보편적인 것을 직접 파악하는 능력을 허용한다. 그는 수학적 직관주의를 통해 지적 직관에 대한 높은 평가에 도달한다. 그는 이 직관주의를 베를린의 크로네커(L. Kronecker, 1823-1891)의 지도 아래 공부할 때 알게 되었다. (후설이 1878년 『수의 개념에 대하여』라는 저술로 교수자격논문을 제출한 것에서 알 수 있듯이) 수학자로서의 출발점이 그의 사고를, 직관주의가 직관과 구성을 결합한다는 점에서 특징지었다. 반면 후설은 직관을 거부하는 힐버트(D. Hilbert, 1862-1943)의 형식주의에 회의적이었다. 이에 상응하여 그는 순수하게 상징적인 연산(einen rein symbolischen Kalkül)을 불충분하고 논증이 필요하다고 평가했다.

'보편학', 즉 '본질학'으로서 현상학은 모든 인간 인식형식의 근본적 최종근거지음과 다름없는 것을 제공하려고 한다. "근본성"(Radikalität)은 근원 사고를 의미한다. 이것은 아직 경험과 판단이 분화되지 않은 절대적 출발점에 다가가는 것을 의미한다. 여기에 존재론적으로 세계에 혹은 인식론적으로 표상에 집중했던 지금까지의 모든 철학과 구별되는 후설의 고유성이 있다. 기존철학과 달리 후설은 현상학에서 이론과 실천의 통일이 실현되는 것을 인식했는데, 이 통일은 전혀 다른 방식으로 비판이론도 염두에 두고 있다. 그러나 직관의 도움으로 계몽의 기획을 능가하려는 절대적인 타당성 요구는 분명히 후설의 자기오해에 기인하며, 오늘날 전혀 진지하게 받아들여지지 않는다. 여기에서 현상학의 비판가들은 실로 20세기 전반부에 "이성의 파괴"에 기여했다고 하는 현상학적 철학의 원죄를 보았다. 현상학의 직관주의에서 계몽의 변증법이 완결되는데, 아도르노에 따르면 이것은 "부정 변증법"(negative Dialektik)으로, 후설이 1930년대 초에 생각했던 것처럼 결코 유럽 정신의 위기를 궁극적으로 극복하지는 못했다고 한다.

분명히 후설이 추구하는 절대적이고 완전한(intergral) 합리성의 이념은 유한한 이성에게 과도한 요구를 제기했다. 그의 제자인 하이데거의 사고가 궁극적으로 시(詩)로 변하게 되는 것은 의외의 일이 아니다. 그러나 절대성 요구의 피안에서 현상학은 인간적인 용모를 발전시켰다. 현상학은 형이상학적 연역을 거부하고, 점차 무전제성의 이념에서 벗어난다. 후설 자신에게 선(先)이론적 경험의 보편적 표본을 탐구하는 것은 항상 큰 역할을 수행한다. 현상학과 나란히 프로이트의 정신분석학이 그것을 발전시킨 것과 같이, 정초적(begründende) 합리성으로부터 발견적(aufdeckende) 합리성이 형성된다. 바로 여기에 후설의 수사학적 과장법을 통해 무력화 되지 않는 현상학의 지속적 의의가 놓여 있다. 여기에서 우리는 정말 정신의 아이러니를 인지할 수 있다: 현상학은 철학적 반성의 새로운 유형에게 그 창시자가 의도했던 것과는 반대의 길을 예비했다. 그것은 세계건설의 토대가 된 논리적 근본표본의 재구성을 통한 현실들의 해석이다. 이것이 현사실성과 필연성 사이에서 의미와 의의의 또 다른 영역을 발견하는, 새로운 현상학적 변증법의 긍정적 측면이다. 이 영역이 이성의 파괴에도 불구하고 이성의 힘에 대한 믿음을 소멸하지 않게 한다.

1.4. 구조: 현상학적 탐구의 은폐된 중심개념

현상학이 어느 정도까지 이성의 선(先)개념적 층위, 즉 하나의 구체적인 선험적 기반(Apriori)[7]과 같은 것을 성사시켰는지는 후설과 그의 제자들이 종종 그리고 수많은 논문에서 적용했지만 이는 어느 곳에서도 용어로 소개하지 않은 '구조'라는 개념에서 분명해진다. 구조개념과 더불어 현상학에 특유한 형상적(eidetisch) 학문의 유형이 정의된다. 이 유형은 방법을 구성주의적으로(konstruktivistisch) "위로부터의" 형성(Formung)으로서가 아니라 직관주의적으로(intuitionist-

7 역주: 최근의 번역에는 'Apriori'를 번역의 어려움 때문에 단순히 발음에 따라 '아프리오리'라고 표기하는 경우가 많은데 이 텍스트에서는 'das Apriori'와 'Apriori'를 '선험적 기반'으로, 'Apriorität'는 선험성으로 표기한다. 이에 대해 에드문트 후설 · 오이겐 핑크, 『데카르트적 성찰』(이종훈 옮김), 한길사, 2002, 59쪽, 각주 9) 참조. "이 용어는 전통적으로 '경험의 확실성과 필연성의 근거조건'인 의식내재적 형식을 뜻하지만, 후설은 발생론적 분석에서 '그 자체로 미리 주어지고 경험되는 구체적 질료'를 뜻하는 데 사용한다."

isch) "아래로부터의" 건립(Aufbau)으로 파악한다. 이에 부합하여 후설은 현상학의 방법을 "분야(Gebiet)의 영역적(regional) 근본종류와 그 일반적 구조에서 발생하는 규범, 따라서 그것을 '인식에 적합하게' (erkennt-nismäßig) 파악할 때 이 구조의 인식에 본질적으로 의존하는 규범"(Hua III/1, 161)[8]으로 특징짓는다. 그에 따라 "구조"는 대상들과, 이 대상들에 적절한 서술형식 사이의 교량을 형성하며, 그런 면에서 구조는 현상학적 탐구의 중심개념이다. 이 관계를 탈근대적 후설-해석학자인 데리다(Jacques Derrida, 1930–2004)가 인식했다. 그는 이것을 「"기원과 구조" 그리고 현상학」(1967년 『글쓰기와 차이』(*Die Schrift und die Differenz*)에서 발표했다)에서 주제화했다. 데리다는 후설이 경험의 개방성과 의식구조의 폐쇄성을 결코 성공적으로 조화시키지 못했다는 결론에 도달한다. 생철학적으로 표현하면 다음과 같다: 삶과 형식은 변증법적 관계에서 서로 마주한다. 이 관계는 모든 현상학적 서술에서 결코 극복할 수 없지만 생산적인 차이를 야기한다.

"구조"는 이미 19세기 여러 학문들, 특히 해부학과 기술심리학의 기초용어였다. 『기술심리학과 분석심리학의 이념』(1894)에서 딜타이는 심리적 구조연관의 직접적 소여에 근거하여 구조의 체험가능성이라는 명제를 제시한다. 후설의 『논리연구』에 연결해서 작성된 『정신과학의 기초놓기에 대한 연구』(1905)에서 딜타이는 구조개념을 논리적으로 전환시켰으며, 그래서 그는 "구조연관"을 "의의"(Bedeutung)로 이해한다. 이에 대해서는 가다머가 『진리와 방법』에서 주의를 환기시

---

8 역주: 에드문트 후설, 『순수현상학과 현상학적 철학의 이념들 1』(이종훈 옮김), 한길사, 2009, 242쪽.

켰다. 딜타이는 의식과 지식에 대한 분석에서 "구조"를 위계적으로 구성되어 있으며, 그것에 "태도방식"(Verhaltungsweisen)이 상응하는 표상들 사이의 내적 관계로서 정의한다(GS VII, 116).[9] 여기서 분명히 드러나는 것은 구조개념이 의의를 정신주의적으로 혹은 주관주의적으로 협소하게 파악하지 않고, 의의형성의 화용론적 차원을 고려할 수 있도록 만든다는 사실이다. 구조는 인간 주체성에서 펼쳐지는 생생한 감동들의 비규정적 핵심의 분절(Artikulation)로서의 구조화(Strukturierung)를 가리킨다.

수학에서도 구조개념은 20세기의 전환기에 형식주의뿐만 아니라 직관주의의 실행에서도 기반을 확보한다. 수학은 관계들을 추상적으로 서술하는 구조학으로 이해된다. 이 서술은 이 구조들을 제시하는 사물들이 존재하는지와 무관하게 이루어진다. 수학적 논리학은 이 입장에 연결된다. 논리실증주의의 가장 저명한 대표자인 카르납(R. Carnap, 1891–1970)은 『논리적 세계의 구성』(1928)에서 학문에 대한 자신의 이해를 명백히 하기 위해 구조개념을 풍부하게 사용한다. 그의 테제는 "모든 과학적 진술은 구조진술이다."인데, 이것을 굿맨(Nelson Goodman, 1906–1998)은 그의 『현상의 구조』(1951)에서 계속 발전시켰다. 카르납은 "구조"라는 표현을 논리적 기호를 통해 서술되는 개념들 사이의 관계들로 이해한다. 그는 관계들의 구조를 화살의 모습을 통해 일목요연하게 설명한다: "화살 모습은 어느 정도 구조의 상징적 표현이다"(『논리적 세계의 구성』, 14). 화살의 은유(메타포)는, 항상 대상들에 "향해"있는, 의식에 대한 후설의 개념에도 어울린

---

9 역주: 여기에 해당되는 페이지는 116이 아니라 22가 정확하다. 이에 대해 W. Dilthey, Gesammelte Schriften, Bd. VII, S. 22 참조(빌헬름 딜타이, 『정신과학에서 역사적 세계의 건립』(김창래 옮김), 아카넷, 2009, 74쪽).

다. 여기에 논리적 경험론과 현상학 사이에 결코 넘어설 수 없는 간극이 있는 것은 아니다. 카르납 스스로가 "구조기술"(Strukturbeschreibung)이라는 자신의 방법이 후설의 "체험의 수학"(*mathesis der Erlebnisse*)[10]의 이념에 근접해 있다고 확언한다(『논리적 세계의 구성』, 4).

마지막으로 후설의 스승 슈툼프(Carl Stumpf, 1848–1933)를 언급할 수 있다. 그는 심리학적 탐구의 자립적 영역을 "형상론"(形相論, Eidologie)으로 구획한다. 이를 통해 그는 플라톤주의에 접목하며, 논리적 추론의 내적 연계를 "사태들의 구조법칙"으로 환원시킨다(*Zur Einteilung der Wissenschaften*, 『학문의 구분에 대하여』, 33). 후설은 수학과 논리학의 영역 위에서의 구조고찰의 보편적 원리들을 『논리연구』의 제4권에서 "순수논리적 문법의 이념"으로서 전개했다. 그의 논리적 문법은 직관형식들이 보여주는 고도의 신축성과 개방성을 통해 칸트의 범주론과 구분된다. 이 직관형식들은 법칙을 부여하는 이성의 기능에 반해 유형적인 것과 형태적인 것을 부각시킨다.

『이념들』에서는 "순수 의식의 보편적 구조들"이 중요한 문제이지만, 구조들은 의식이 향하는 대상들에 의해 항상 함께 각인된다. 경험적 대상들로서의 다른 의식구조들은 수학적 의식에 상응한다. 전자는 항상 경험을 열어두지만, 수학적 명제들은 통찰의 고양을 허용하지 않는다. 그런 이유에서 이러한 구조고찰은 주관적 측면("noetisch")과 객관적 측면("noema")을 가지며, 그래서 후설이 "인식주관적(noetisch)–인식객관적(noematisch) 구조의 문제점"에 대해 말할 수 있다

---

10 역주: 에드문트 후설, 『순수현상학과 현상학적 철학의 이념들 1』(이종훈 옮김), 한길사, 2009, 238쪽.

(Hua III/1, 161). 그러므로 구조개념은 존재와 의식 사이를 매개하는 과제를 가진다. 『데카르트적 성찰』에서 후설은 의식에 관하여, "구조유형", "규칙구조", "구조형식", "구조체계", "구조합법칙성" 등에 대해 말한다(Hua I, 88ff.).[11] 그러나 여기서도 "구조"는 단지 세계에서 분리된 실체로서의 의식의 형식에만 관계하는 것이 아니라 항상 또한 의식의 대상들에도 관계하다.

1.5. 구조학으로서의 현상학

개념의 넓은 폭(Weite)은 절차적으로(operativ) 분명히 약점이다. 그러나 이것은 구조학으로서의 현상학을 통해 형이상학적 이원론을 무력하게 만들려는 후설의 노력에 대한 암시로서 평가될 수 있다. 사고와 행위, 정신과 물질, 구성과 진화는 구조개념 아래 포섭된다. "구조"는 그렇지 않다면 통약불가능한 영역을 위한 가장 작은 공통분모를 형성한다. 그리하여 "근본적 구성주의", "진화론적 인식론" 혹은 "신경철학"과 같은 현대의 흐름은 구조개념을 경유하여 자연스럽게 현상학과 결합된다. 또한 궁극적으로 보편과학으로서 구조주의로 이끌었던 문화과학 및 언어학에서의 구조개념의 사용도 생활세계가 그 상대성과 더불어, 그 자체는 상대적이지 않은 어떤 "보편적 구조"를 가지고 있다는 후설의 발견을 입증한다(Hua VI, 142).[12]

---

11 역주: 에드문트 후설 · 오이겐 핑크, 『데카르트적 성찰』(이종훈 옮김), 한길사, 2002, 102쪽 아래.

12 역주: 에드문트 후설, 『유럽학문의 위기와 선험적 현상학』(이종훈 옮김), 한길사, 1997, 245쪽.

후설에게 "구조"는 방법적으로 진술(Aussage)의 문법적 형식에 상응하는 기술(Beschreibung)의 논리적 형식으로 기능한다. 이러한 '상응'이 가능한 이유는 (비트겐슈타인의 『논리철학 논고』에 따르면) "내적 관계들"로서의 구조들이 항상 전체성을 기술한다는 점에서 외적 관계들로서의 자연법칙들과 구별되기 때문이다. "구조"는 여기서 규칙에 근접하며, 이를 통해 내적 관계들의 상이한 종류들을 충족시킨다. 그리하여 구조개념은 좁은 의미(윤리학)에서 뿐만 아니라 넓은 의미(문화)에서의 실천에서도 생산적이 되도록 한다. 이것은 후기 후설에서 마침내 자연적 경험으로의 전회와, 그와 결합된 열린 지평으로서의 세계개념에서 나타난다. 이 지평의 해명이 항상 경험의 형식들을 산출한다. 세계의 건립(Aufbau)은, 자연과학적 범주로 남김없이 옮길 수 없는 기대들의 "무한성의 구조"와 결합되어 있다. 구조들은 이목을 끔(Auffäligkeit), 유의미성(Bedeutsamkeit) 혹은 지속가능성(Fortsetzbarkeit)과 같은 선(先)개념적 지식형식의 또 다른 영역을 포괄한다. 이 개방성이 구조학으로서의 현상학에게 지속적인 현재성을 보증해준다. 왜냐하면 현상학의 기술은 세계에 대한 범주적 해명이 미해결로 둔 틈새의 여백을 메우는 부차적인 것 이상을 의미하기 때문이다.

후설의 구조분석은 압도적으로 선(先)언어적 영역에 머물지만, 바로 언어적 의의형성의 상징적 형식에 대해 적용할 것을 요청한다. 기초적 언어행위(Operation)로서의 술어화(Prädikation)는 하나의 충족의 과정인데, 이것은 결코 장애가 전혀 없이 진행되는 것은 아니다. 그런 면에서 구조들도, 이것들이 기능적 · 역동적으로 파악되면, 자신의 변증법을 보유한다. 유동성에서 헤겔 변증법에 결코 뒤지지 않으며, 심지어 개념의 작업에서 벗어나는 것을 가시적으로 만든다는 점에서 헤겔 변증법을 능가한다. 랑그와 파롤이라는 언어학적 구별의 본보기에 따라 구조들은 프로이트가 "무의식적인 것"이라고 했던 의식의 심층으로 인도한다. 비록 후설이 이 구상과 친숙할 수 없었지만 주제적으로(in der Sache) 두 사상가가 그렇게 많이 차이가 나는 것은 아니다. 후설에게도 의식은 관계들과 지식연관들의 영역인데, 이것은 남김없이 해명되는 것은 아니다. 그런 면에서 아도르노가 변증법의 관점에서 제기한 "현상학적 이율배반"에 대한 비판이 구조학으로서의 현상학의 잠재력을 올바르게 평가한 것은 아니다. 물론 구조들이 1968년 5월 파리의 대학생들이 그들의 현수막 위에서 구조주의를 비난했던 것과 같이 [직접] 시위를 벌이지는 않는다. 그러나 구조들은 [간접적으로] 태도들(Einstellungen)의 형식에서 자유로운 선택과 "의지와 의식을 가지고" 행위하려는 자들의 행동을 이끈다.

1.6. 해독가능성(解讀可能性, Lesbarkeit)의 근본 물음

구조학으로서의 현상학은, 회의주의와 허무주의에 의해 진리와 선험적 기반(Apriori)이 상대화된 후, 다시 한 번 계몽주의의 철학을 이끌었던 세계와 인간의 조화를 부설하려는 최후의 시도이다. 이론적 낙관주의는 19세기 말 "세계의 파악가능성의 공리"(Axiom von der Begreiflichkeit der Welt)(F. A. Lange)와 "인식가능성의 명제"(Satz von der Wißbarkeit)(H. Driesch)에서 학문이론적으로 표현된다. 이런 의미에서 후설의 제자이며 하이데거의 석좌교수직을 물려받은 질라시(W. Szilasi, 1889–1966)는 현상학을 "세계 텍스트들의 해독가능성"의 이론으로 해석했다(*Einführung in die Phänomenologie Edmund Husserls*, 91)[13]. 이것은 매우 의미심장한 해석이다. 왜냐하면 의식의 힘은 초월적 관념론에서처럼 절대적으로 정립되지 않기 때문이다. "해독가능성"(Lesbarkeit)은 단순한 수용성보다는 더 적극적이지만, 그렇다고 "가작성"(可作性, Machbarkeit)도 아니다. 인식이 자연에게 법칙을 부여한다는 칸트가 감행한 명제를 후설은 확실히 동의하지 않았을 것이다. 그에게 의식의 힘은 해석의 독점(Interpretationsmonopol)에 놓여 있다. 다른 것이 아니라 의식의 구조들이 해독가능성의 조건들을 확정한다. 그러나 후설에게 의식은 로크와 달리 백지(Tabula rasa)가 아니라 구조화된 원지(原紙), 즉 스콜라주의가 말하듯이 '지정된 질료' (materia signata)이다. 이 원지는 자신의 수용능력에 적절한 것만 받아들일 수 있다. 인간에게 세계가 항상 해독가능하다는 것은 의식의 구조들과 세계가 동형적(isomorph)이거나 "조화로운"(kompossibel) 것이라는 점을 전제한다. 당연히 이에 대한 보장이 있는 것은 아니다. 그러나 해독가능성이라는 논제의 요점은 환경세계들이 의식에서 그들에게 적절한 매체를 창출했었다는 사실에 있다. 인간은 조화의 붕괴를, 그에 대해 의식을 제외한 다른 기관이 없다고 한다면, 감지할 수 없을 것이다.

물론 의식과 세계에 공통적인 구조들이 외적 경험 및 내적 경험의 표면에 놓여 있지는 않다. 오히려 의식의 심층, 선(先)언어적 의의들이 형성되는 층위로 다가가는 것이 필요하다. 그리하여 후설은, 프로이드가 정신분석학을 그렇게 한 것과 유사하게, 현상학을 즐겨 고고학과 비교한다(W. Szilasi, *Einführung*, 95, 137, 140).[14] 후설이 의식의 심층에서 발견하는 것은 항상 "정신", 즉 그 자체로 투명한 표상들이

13 역주: W. 질라시, 『現象學講義』(이영호 옮김), 종로서적, 1984, 95쪽.

14 역주: W. 질라시, 『現象學講義』(이영호 옮김), 종로서적, 1984, 149쪽 각주 33 참조.

다. 구조학으로서 현상학은 그렇게 이해심리학과 딜타이(W. Dilthey, 1833-1911)의 정신과학의 이념에 근접한다. 1935년 행한 강연에서 후설은 다음과 같이 말한다: "순수한 정신과학적 인식을 통해서만 과학자는 그의 수행 작업이 스스로를 은폐했다는 반론에서 벗어날 수 있다. (...) '정신이 소박하게 외부로 향한 것에서 자기 자신에게로 되돌아가고, 자기 자신에 즉 순수하게 자기 자신에 머무는 경우에만 정신은 스스로를 만족시킬 수 있다'." (Hua VI, 345f.)[15]

정신의 "자기 자신에게 있음"(Bei-sich-selbst-sein)과 더불어 후설은 라이프니치의 단자론을 끌어댄다. 그러나 그는 라이프니치의 (보편) 수학(Mathesis) 혹은 보편기호학(Characteristica universalis)과는 하나의 중요한 항목에서 구별된다. 라이프니치에게 그 안에서 세계텍스트(Welttext)가 작성되는 문자들은 수학적 양이다. 이 텍스트에서 후설은 하나의 형식주의적 연산(einen formalistischen Kalkül)만을 인식한다. 이것은 세계를 이해하게 하는 것이 아니라 단지 자연적 경험 위에 "이념의 옷"(Ideenkleid)을 입힌다. 세계를 해독할 수 있는 유일한 언어는, 후설이 『논리연구』에서 그것을 발견한 것처럼, 직관의 구문론적 형식이다. 비로소 이 형식들이 세계의 의미 있는 구성을 이해하게 만들며, 현실적인 것의 우연성은 그렇게 극복된다. 오늘날의 시각에서 볼 때 그것은 마음(Geist)의 컴퓨터 이론과 더 이상 화해할 수 없는 모순 관계에 놓여 있지 않다. 네트워크 구축을 통해 표본 인식을 목표로 삼는 정보처리의 연결주의적 모델(konnektionistische Modelle)[16]은 전적으로 지식들의 구문론적으로 응집된 체계와 조화될

---

15 역주: 에드문트 후설, 『유럽학문의 위기와 선험적 현상학』(이종훈 옮김), 한길사, 1997, 465쪽

16 역주: 고전적(정보 처리적) 인지주의가 인간의 마음을 컴퓨터에 비유하여 계열

수 있다. 이때 기억되어야 할 것은 후설 자신이 후기보다는 초기에 연산을 더 긍정적으로 바라보았다는 점이다. 그를 현대 인지과학 그리고 심지어 인공지능 연구와 근접하게 만드는 후설 사고의 이 단계는 관념론적 해석에서 지금까지 거의 관심을 끌지 못했다.

블루멘베르크(H. Blumenberg, 1920–1996)는 해독가능성의 논제를 취하여 자연의 책이라는 메타포의 도움으로 그가 저술한 긴 전사(前史)에서 추적했다. 블루멘베르크가 "은유학"(Metaphorologie)[17]이라고 부르며, "이해불가능성의 이론"(Theorie der Unbegrifflichkeit)으로 제시하는 것은 자세히 살펴보면 후설의 구조 현상학의 속행으로 입증된다. 그의 저술에서 이 구조 현상학이 은밀하게 자리하고 있다는 사실은 충분히 높이 평가되지 못했다. 블루멘베르크는 최종 정초와 절대적 진리와 작별을 고하고 경험가능성들에 천착하는데, 그는 이 가능성들에게 후설처럼 "규정된 비규정성"의 구조를 인정한다(*Die Lesbarkeit der Welt*, 16). 그리하여 블루멘베르크도 "대지"(die Erde)를 신의 초월성(die göttliche Transzendenz)이 사라진 후 인간의 의미욕구에 남아 있는 아르키메데스적인 점으로 고찰한다는 것은 더 이상 새

처리적으로 상징을 조작 처리하는 정보 체계로서 생각한 데 반해, 연결주의는 인간의 마음을 여러 정보들이 동시에 함께 처리되는 병렬 처리 체계로 간주한다. 고전적 인지주의가 컴퓨터 유추(computer–analogy)에 기반하여 인간의 심리적 과정을 모형화하는 데 반해, 연결주의는 뇌 과정에 기초(brain–based)하여 심리적 과정을 모형화하려 한다.

17 역주: 은유법(Metaphorik)과 은유학(Metaphorogie)의 차이는 전자가 은유의 방식과 규칙 등을 다루는 언어적 이해를 추구한다면, 후자는 개념적–논리적 사고에 선행하는 선(先)학문적, 선(先)논리적, 선(先)진술적 영역에서 정신의 활동을 총체적으로 파악하는 과제를 가진다. 따라서 은유학은 "사고 하부 구조, 즉 토대 혹은 체계적인 결정화를 가능하게 하는 배양액에 도달하는 것"(H. Blumenberg, *Paradigmen zu einer Metaphorologie*, FfM, 1999, 13쪽)이 목표이다.

로운 것이 아니다. 여기서 그 절대성 요구에서 탈피한 현상학이 대지에 충실하게 머물라는 니체의 요구에 얼마나 근접하는지가 분명해진다. 설령 블루멘베르크가 더 이상 "존재사"(Seinsgeschichte)를 알려 하지 않는다 하더라도 그는 니체-찬미(Nietzsche-Glorifizierung)에 머물고 있는 후기 하이데거의 사고를 공유한다.

그러나 세계가 그 모든 형태들에서 해독될 수 있는가? 후설은 순수이성의 모든 이율배반과 논리학의 모든 역설을 해결할 수 있다고 믿었다. 이러한 이론적 낙관주의는 탐구로 점철된 그의 삶의 종착점에서는 사라졌다. 마침내 그의 실존철학에 경도된 제자는 부조리를 생활세계의 정상상태로 선언했다. 그렇다고 아도르노(Adorno)가 후설의 "시대에 뒤떨어진 의식철학"에 대립시키는 "부정의 변증법"은 정말 최후의 단어인가? 당연히 최종 근거지음이 성취될 수 없다는 것은 이성으로 하여금 굴욕을 느끼게 하고 모욕했다. 그렇지만 모욕이 파괴는 아니다. 오히려 그 반대이다. 모욕은 그것을 개선하기 위해서 세계를 이해하려는 더 큰 노력에 동기를 부여한다. 비록 세계의 이해가능성과 사이가 좋지 않다 하더라도 넘어설 수 없는 한계란 여기에 존재할 수 없다. 왜냐하면 후설이 올바르게 인식한 것처럼 이성은 자기 자신이 항상 새로운 체계에 의해 구조화되는 열린 체계이기 때문이다.

1.7. '진정한 현실'에 대한 탐구

세계의 해독가능성을 위한 현상학의 노력은 일관된 모티브에 의해 전개된다. 후설은 이것을 언젠가 다음과 같이 표현했다; "나에게 전체 독일 관념론은 항상 K...[18]로 귀결되는 것이었다. 나는 전 생애를 통해

—이때 그는 은색의 T자형 손잡이를 가진 산보용 지팡이를 재빨리 꺼내어 문설주에 기대어 세웠다 — 실재(Realität)를 찾아 헤매었다." (H. 플레스너, "Bei Husserl in Göttingen", in: *Edmund Husserl 1859–1959*, 35) 본격적인 현실의 갈망에까지 고양하는 현실에 대한 탐구와 더불어 "현상학적 운동"의 세계관적 차원이 드러난다. 이 운동은 마르크스주의 철학의 입장에서 지나치게 부당하지 않게 (19세기에서) 20세기로의 이행기에 나타난 후기시민(사회) 정신의 위기로 해석되었다. 실제로 이 시기에는 수학적 · 자연과학적 개념형성이 상징화된 결과로 인식론적 허구주의(erkenntnistheoretischer Fiktionalismus)의 공포가 만연했다. 세계 신뢰는 점차 현실적인 것의 명백함과 신빙성에 대한 회의로 바뀌었다. 여기서 제기되는 물음은 다음과 같다; "어떤 방법(방식)으로 상실된 현실을 다시 획득할 수 있는가?" 후설은 여러 가지 방법을 시험했다: 처음에는 개인심리학에서 출발하여 마지막에는 사회심리학으로 넘어가는 방법. 그러나 모든 방법에서 그는 결코 학수고대한 "근원들"과 최종근거로 다가서지 못했다. "발생적 현상학"이라는 그의 프로그램은 그 한계를, 촘촘한 구문론적 체계로서 자기 자신을 담지하는, 구조들의 선험성(Apriorität)에서 발견했다.

비록 모든 것이 잘못된 것은 아니지만 우회로로 입증된 상이한 길을 통해 후설은 그럼에도 중요한 발견을 했다. 구조연관으로서 현실은 고양의 능력이 있는 개념이다. 현실은 관계들의 결합(Gefüge)이 촘촘하면 할수록 더 현실적으로 경험된다. 이와 함께 현상과 현실의 대립은 사라진다. 이 대립의 자리에 "구조적인 선험적 기반"(im struk-

---

18 역주: 여기서 'K...'는 칸트(Kant)로 추정된다.

turellen Apriori)에 내재해 있는 현실존재(Wirklichsein)의 상이한 등급이 들어선다. 경험에는 항상 또 다른 규정의 가능성이 성립한다. 그리하여 현실은 비규정성에서 규정성으로, 즉 단순한 개념적 구성에서 직관적 소여의 충만함으로의 이행이라는 구조원리에 예속된다. 구조개념은 여기서 남김없이 "가정적인"(präsumtiv) 세계개념에서 출현한다. 이것은 현상의 배후에 놓인 "물자체"에 대한 표현을 지나친 것으로 만드는 하나의 변형이다.

그러므로 후설이 찾았던 현실성은 모두가 각자의 고유한 신체에서 경험하며, (그에 대해) 어떤 철학적 반성도 필요치 않은 삶의 조야한 현사실상과 우연성이 아니다. 항상 그것은 이미 이해된, 즉 개념적으로 파악된 현실이다. 그런 면에서 후설 현상학의 목표설정은 그가 그렇게 조롱했던 독일 관념론의 목표설정과 별로 다르지 않다. 현실적인 것의 이성성이라는 헤겔의 『정신현상학』에 깔려 있는 신념은 비록 다른 전제에서 출발하며 "절대정신"에서 종결되지만, 헤겔은 칸트적 이성 비판의 형식주의를 극복하고 후설이 "사태 자체로!"라고 부른 "구체적인 것으로"(zum "Konkreten") 전진하기 위해 노력했다.

구조학이라는 현상학의 이념과 더불어 철학 자체의 이념이 변화된다. 후설의 자기이해에 반해 현상학은 항상 물음을 열어두고 있다. "제일철학" 혹은 형이상학은 외적이며 내적인 경험의 구조분석으로 바뀐다. 그리하여 이것은 전적으로 내재성의 관점에 고착하며, 세계의 현존을 그 최종근거들로부터 설명하려는 주제넘은 일을 하지 않을 수 있다. 그런 면에서 현상학은 형이상학의 탈형이상학적(형이상학 이후의) 형태를 나타낸다. 최종근거들이 도달될 수 없는 곳에서는 구조 사고가 확산되며, 인간에게 세계에서 방향설정하기 위해 필요한 안전을 창출할 수 있다. 이러한 통찰에 근거하여 전체철학은 오늘날 범주문제를 해체하며, 보편적 문화과학으로 변화하려는 과정에 있다. 인간학적이며 사회학적 사고형식들은 칸트적 이성비판의 엄밀하게 연역적인 발상을 확장시킨다. 그리하여 오늘날의 문화과학적 전회는 구조학으로 철학이 현상학적으로 변형된다는 사실로부터 역사적으로 해명된다. 물론 구조개념이 여전히 세계해명의 현대적 형식들을 적절하게 파악하는 것이 가능한지라는 의문이 든다. 여기에 또 다른 변형이 등장하는데, 이것은 현상학을 보편적 매체이론으로 해석하게 한다.

현상학적 탐구의 알파요 오메가로서 원천(Genesis)과 타당성(Geltung)의 통일성에 대한 탐구에 비추어보면 그 발전의 단계는 단지 하나의 근본사고가 탈바꿈하는 것(Metamorphosen)에 불과하다. 그 단계들은 다음 장에 묘사된다. 여기서 중요한 것은 단지 후설 사고 자체의 발전이 아니라 근본이념의 전개이다. 이 근본이념은 셸러, 하이데거 혹은 사르트르처럼 상이한 열정들이 현상학적 운동에 연결됨으로써 발전하게 된다. 그리하여 이 입문서는, 이미 독자적 소개서들과 단행본들에 의해 연구된 현상학적 운동의 저명한 대표자들의 입장을 나열하는 것과는 다른 형태를 취하고자 한다. 이 책은 그렇게 서로 현저하게 멀리 떨어진 입장들에서 현상학의 모든 변형들을 결합시키며, 오늘날까지 지리멸렬하지 않은 핵심을 탐구한다. 이 책은 전기(傳記)의 세부사항을 단지 사상을 이해하는 데 의미가 있는 경우에만 고려한다. 후설의 권위적 사고 스타일, 셸러의 사랑의 모험, 하이데거의 정치적 연루 혹은 사르트르와 보부아르 부인(Simon de Beauvoir)의 관계에 관심을 가진 누군가에게는 해당되는 텍스트들이 참작될 수 있을 것이다. 그러나 후설이 동시에 수학과 심리학을 공부했다는 사실 혹은 하이데거가 먼저 신학을 공부했다는 사실은 관심을 가질 만하다. 왜냐하면 거기에서 현상학의 방법이 그 원천을 상이한 과목(분과)들에서 가지며, 그리하여 정보학 혹은 매체과학(신문방송학)과 같은 오늘날의 선도적 학문들과도 보조를 맞출 수 있다는 것이 분명해지기 때문이다.

2. 현상학의 기원: 참된 실증주의를 위한 투쟁

현상학의 출발점은 창시자의 학문적 이력에 의해 특징지어졌다. 후설은 처음에 다니던 라이프치히대학과 베를린대학에서 특히 수학을 공부했고 크로네커(L. Kronecker, 1823-1891)와 바이어슈트라스(K. Th. W. Weierstráß, 1815-1897)와 같은 저명한 수학자들의 강의를 들었다. 그다음 비엔나(Wien)대학에서 그는 반(反)칸트주의자이며 아리스토텔레스주의자인 브렌타노(F. Brentano, 1838-1917)의 영향을 받았다. 이것이 후설을 경험심리학으로 향하게 했으며, 그는 이 심리학을 학문적 철학함의 전제로서 고찰했다. 이런 의미에서 그는 교수자격논문에서 수학을 심리학을 통해 정초하려는 작업을 수행했다. 이 정초는 수학자이자 논리학자인 프레게(G. Frege, 1848-1925)의 비판이 그를 심리학적 기초놓기(Grundlegung)의 모든 시도는 지탱할 수 없다고 설득했을 때까지 지속되었다. 그 결과가 심리학주의에 대한 투쟁이며, 이것이 『논리연구』(1901)의 제1권을 산출했고, 그 순간이 바로 괴팅겐에서 현상학이 탄생하는 때이기도 했다. 여기에서 후설은 부교수로서 엄청난 수강생을 확보하고 있었고, 『논리연구』에서 심리학적 법칙으로 환원되지 않는, 선험적 명제(apriorische Sätze)의 체계로서의 "순수논리학"을 전개한다.

후설에 따르면 논리학은 그 존재론적 위상(Status)이 플라톤의 이데아 실재론의 방향을 가리키는 "이념적 의의통일체들"과 관련이 있다. 그럼에도 『논리연구』의 특수성은 2권의 상술에서 순수하게 형식주의적 방식을 취하는 것이 아니라 논리적 타당성을 경험의 구조에 결합한다는 데 있다. 이것을 괴팅겐의 제자들은 심리학주의로의 회귀로 비난했다. 하지만, 이 비난이 완전히 정당한 것은 아니다. 후설의 주관적으로 정향된 분석은 명백히 경험론과 감각주의로부터 구별되는데, 특히 로크의 추상이론과 버클리의 추상개념의 재현이론과 구별된다. 이러한 상론에서 보이는 것처럼 후설은 그렇게 독창적이지 않다. 그는 부분적으로 제임스(William James, 1842-1910)의 『심리학의 원리』(*Principles of Psychology*)(1890)의 논의를 재생산한다. 이 논의에 그는 적어도 비엔나의 스승인 브렌타노의 심리학에 상응하는 정도로 의지하고 있다.

2.1. 재현(Repräsentation)의 심리학

모든 의의들을 감각자료로 환원시키려는 경험론은 재현을 일반개념을 통해 소여를 대리하는 것(Stellvertretung)으로 이해한다. 이 일반개념에는 단순한 이름의 위상이 인정된다("유명론"). 강하게 실재론적으로 정향된 사상가에게 개념적 일반성을 명료하게 하기 위해서는 감각자료의 묶음으로는 충분하지 못하다. 그리하여 제임스는 로크와 버클리의 대리이론(Stellvertretertheorie)을 "무의미한 일"(Unsinn)로 묘사했으며, 후설의 의견 역시 그러했다. 대리로서의 재현이라는 해석은 결코 "대리"라는 단어와 결합되는 의의에 상응하지 못한다고 한다. 우리가 변호사의 예에서 인식할 수 있는 것과 같이 재현의 중심과제는 각축하는 당파들의 성향들(Affekte)을 객관화하는 데 있다. 그것은 의미부여의 통일적 행위를 요구하며, "이 행위는 개별 행위 혹은 개별 암시들의 총합이나 밀접한 연결을 통해 만들 수 있거나 대체가능한 것이 아니다"(LU II/1, 179). 그리하여 후설의 의의론(意義論)을 제임스와 함께 전적으로 "개념론"(Konzeptualismus)으로 형용할 수 있다. 이것은 플라톤의 이데아 실재론과 실증주의적 유명론을 서로 매개하고, 심리학주의를 벗어나 논리학과 심리학을 결합시킬 수 있는 입장이다.

후설은 자신의 재현이론을 통해 경험심리학에 선험적 기초(eine apriorische Grundlage)를 제공하고자 한다. 그리하여 현상학적 의식 분석은 경험적 인식의 위상과는 원리적으로 다른 위상을 요구한다. 이 요구는 오늘날까지 대부분의 심리학자들에 의해 인정되지 않았다. 그에 반해 경험심리학에 새로운 길을 제시한 후설의 기술적(記述的) 방법은 긍정적으로 수용되었다. 이런 방식으로 경험심리학은 19세기 기계론적 연상이론을 극복할 수 있었다. 물론 후설이 유일한 선구자는 아니다. 기술심리학의 이념은 그보다 앞서 딜타이와 그의 시대에 립스(Th. Lipps, 1851–1914)에 의해 전개되었다. 당연히 후설은 그가 의의론적 문제제기와 인식론적 문제제기를 의식 분석의 중심점으로 삼았다는 점을 통해 하나의 특수지위를 점유한다. 여기에 신칸트학파의 나트롭(P. Natrop)이 접목했으며, 그는 『논리연구』의 영향 아래에서 1912년 발간된 『비판적 방법에 의거한 일반 심리학』(*Allgemeine Psychologie nach kritischer Methode*)에서 경험심리학에 인지주의적 전회를 제시했다. 그러므로 심리학에서의 현상학적 논리가 오늘날 "인지심리학"으로 계속 남아 있다는 것은 일관성이 있다.

2.2. 의의(意義, Bedeutung)

"순수현상학"의 전단계로서의 "순수논리학"이라는 후설의 이념에서는 두 가지 개념 내지 주제영역이 교차한다. 그것은 논리적 의미론의 근본개념으로서의 "의의"(Bedeutung)와 초월적 의식이론의 근본개념으로서의 "지향성"이다. 『논리연구』(*Logische Untersuchungen*) 초판에서 후설은 언어적 기호를 "지시"(Anzeichen)[1]와 "표현"(Ausdrücken)으로 구별한다. 이것은 그를 언어철학과 기호학 탐구의 항구한 참고저자로 만들었던 토대적 구별이다. 후설은 "지시"를 예로 들어 연기 혹은 발자국과 같이 현상(Ereignis)을 통해 인과적으로 설명할 수 있는 사건(Vorkommnisse)으로 이해한다. 반면 "표현"은 그것의 의의가 대상과 일치하지 않는 이념적 형성물이다. 영어로 의미(meaning)와 지시체(reference)로 통용되는 의미(Sinn)와 의의(Bedeutung)에 대한 프레게(G. Frege)의 구별[2]을 후설은 의식행위의 두 방식의 결과로서 의식이론의 관점에서 해명한다. 그것은 "의의를 부여하는"(bedeutungsverleihenden) 행위와 "의의를 충족시키는"(bedeutungserfüllenden) 행위이다. 그의 의식이론에서 중심적인 충족개념은 순수한 논리적·

1 역주: 뉴턴 가버, 『데리다와 비트겐슈타인』(이승종 옮김), 민음사, 1998, 94쪽.

2 역주: 프레게의 독일어 표현 'Sinn'과 'Bedeutung'은 영어로 'sense'와 'reference'로 번역되고 각각 '뜻'과 '지시체'로 표기되기도 하지만 여기서는 일관해서 '의미'와 '의의'로 표기한다.

의미론적 고찰에서 현상학적 고찰로 넘어가는 교량을 형성한다.

『논리연구』의 5장 시작(부)에서 후설은 두 주제권역의 연관을 명백히 강조했다. 그에게 중요한 것은 "의의들의 이념성"으로 보존하면서, 이 이념성을 주체성과 양립할 수 있게 만드는 것이었다. 이 입장은 오늘날까지 칸트주의 혹은 분석철학 진영의 현상학 비판가들에 의해 만족스럽게 이해되지 못했다. 논리학과 인식론, 의미론(Semantik)과 인지심리학의 결합을 정당하지 못한 혼합으로 낙인찍고, 편향되게 의의론(意義論)(bedeutungstheoretisch)의 관점을 선택하는 대신 후설 분석의 양면성에서 현상학적 발상의 원본성과 생산성을 인식할 수 있다면 탐구는 더 지속될 수도 있을 것이다.

이러한 평가가 고찰의 두 측면에 어느 정도까지 들어맞는지는 간략하게 표현하면 다음과 같다: 의의의 이념성은 누구도 문제시 삼지 않는다. 그러나 그로부터 자동적으로 세계의 언어적 분절(Gliederung)의 우위(Primat)가 도출되지 않는다. 이것은 이미 사람들이 종종 말하거나 표현할 수 없는 어떤 것을 말하며 표현하려고 한다는 것에서 알 수 있다. 왜냐하면 우리에게 [적절한] 단어가 없기 때문이다. 이것은 고전적 의의론(意義論)을 옹호하는 강력한 논증이다. 이 이론에서 의의들은 실제적 대상들과 동일한 것이 아니라, 그를 통해 주관이 대상에 관계하는 확신들과 사고들 안에 놓여 있는 것이다. 여기에서 의식내용은 기호에 필적하는데, 이 기호는 의의의 통일체로서 기호의 담지자뿐만 아니라 묘사된 대상들과 구별된다. 그리하여 후설은 기호관계를 의의를 부여하는 의식의 "행위"로 해석한다. 항상 그러한 행위가 경험 가능한지에 달려 있는 것과 같이, 그것에 관해 한계가 명확히 규정된 사태는 창조적 활동(Tätigkeit)이라는 경험에서 친숙한 것이다. 언어 실천을 포함한 정신적 작용(Aktivität)의 결과는 경우에 따라서는 의도를 넘어선다. 그것이 텍스트이든 이미지이든 우리의 고유한 생산물은 우리에게 자립적인 본질성(Wesenheit)으로 마주선다. 후설은 "이념적 의의통일체들"에 대해 말할 때 이것을 염두에 둔다. 그는 플라톤적 개념실재론의 의미에서의 그 형이상학적 실체화를 여러 곳에서 스스로 분명히 거부한다. 그 대신에 그는 그 안에서 묘사된 대상이 여러 관찰자들에게 동일한 것으로 나타나는 "소여방식"으로서의 의의들에 대해 말한다.

2.3. 지향성

후설은 의식의 본질적 특징으로서 지향성, 즉 의식의 외부에 놓인("초월적"transzendent) 사태 혹은 대상들에 대한 관계를 고찰한다. 이 점에서 그는 브렌타노(F. Brentano)를 추종한다. 브렌타노는 초월적 관념론의 단호한 비판자로서 심리학을 경험적 입장으로부터 구성한다. "어떤 것에 관한 의식이고자 하는 의식의 근본 특성"은 대상지각에서 설명된다. 외적 세계의 대상들은 용기(容器)처럼 의식 속에 있는 것이 아니라 그것에 대해 의식이 "관계하는" 것을 의미하는 [바로] 그것이다. 항상 주관에서 대상으로 진행되는 이 관계는 개념적으로 파악되기 어렵다. 후설이 용기의 표상을 능가하며 관계적 기술(eine relationale Beschreibung)을 제공하지만, 그도 "내부"와 "외부"라는 공간적 구별 없이는 지탱하지 못한다. 그런 이유로 "지향성"은 정신의 역설적 사태를 묘사하는데, 이 사태와 유사한 어떤 것도 자연에 없다: 외부에 놓인 대상들을 지시하면서, 동시에 의식에서 보존하는 것. 이때 또한 관계의 두 구성요소(Glied)가 존재하지 않는, 예를 들면 환상의 표상과 같은 경우들도 있다. 이것은 지향적 의식에서는 오로지 관계만이 중요한 것이며, 관계는 개별적 관계의 구성요소(Beziehungsglieder)보다 더 근원적이라는 점을 강조한다.

확실히 의식의 관계적 기술(die relationale Beschreibung)은 사고방향이라는 공간적 은유를 사용하지만, 이것은 우리가 의의형성의 조야한 자연주의로 추락하지 않으려면 불가피한 것처럼 보인다. 여기에 분석철학적 논리학의 비판이 제기된다. 예컨대 투겐트하트(E. Tugendhat, 1930-)는 현상학적 분석이 의의개념(Bedeutungsbegriff)이 결여되어 있을 뿐만 아니라 "대상들에 관한 사념(Meinen)"으로서의 의식에 대해서도 적절한 기술을 제공하지 못한다는 견해를 표명한다. 철학적 의미에서의 의식은 심리적 상태가 아니라 단지 언어사용을 통해서만 정의된다고 한다. 대상관계에서도 항상 "우리가 어떤 명제를 표현할 때 어떻게 사태와 관계하는가"(『현상학과 분석철학』, 22)라는 방식들(Weisen)이 문제가 된다. 그리하여 그에 대한 어떤 규준도 존재하지 않는 의식상태에서 시작하는 것은 충분하지 못하며, 분석은 사태에 대한 태도(영어: "propositional attitude")에서 착수해야만 한다고 한다. 이 명제적 태도(propositional attitude)는 성향(Disposition)이라는 심리학적 개념과 혼동되어서는 안 된다. 왜냐하면 명제는 "나는 오늘 비가 온다는 것을 안다"와 같이 문장들에서 표현되는 사태이기 때문이다. 그러므로 모든 지향적 의식은 분석철학자들에게 명제적 의식이다.

은유적 표현들을 분석철학적으로 해체하려는 시도를 아주 존중함에도 불구하고 명제적 표현들에서 의의들의 서술은 함축적 은유론 없이는 지탱하지 못한다는 것을 망각해서는 안 된다. 누군가가 "나는 페터가 아플까 걱정이 된다"라고 말한다면 이 문장은 주체의 어떤 '태도' (Einstellung)를 표명하는데, 여기서도 "태도"가 층위의 공간적 이미지를 함축한다. 이것은 감각지각에 대한 관계가 완전히 제거되지 못한다는 것을 가리킨다. 직접적 지각은 객관화하는 감각의 기능이다. 이것은 감각자료에 대한 단순한 기록을 이미 넘어선다. 이는 청각, 촉각(Fühlen) 등과 같은 다른 감각에도 해당한다. 이 감각들은 그 적절한 형식을 "나는 페터를 본다"와 같은 4격 목적어를 수반한 문장들에서 발견한다. 그에 반해 명제적 동사들은 감각의 기능에 환원되지 않는 평가들을 표현한다. 그러므로 명제적 태도들에서는 가치판단들이 문제시되며, 이 가치판단들은 대상보다는 주체에 대해 더 많이 진술한다. 그런 면에서 지향적 의식과 명제적 의식은 대립적이 아니라, 이 둘은 상호 보완적이다. 의식의 두 가지 형식을 위한 적절한 언어적 표현들이 존재한다.

그런데 지향적 의식의 고유한 문제는 어떻게 대상들에 대한 관계들이 성립되는지, 즉 어떤 도식들에 의해 감각인상이 대상적으로 배열되는지에 놓여 있다. 판단형식에서 추론된 칸트의 범주론은 감성과 오성의 이원론이라는 어려움을 갖는다. 이 이원론은 단지 "도식론"(Schematismus)이라 불리는 매개심급을 통해 극복할 수 있다. 후설은 도식들을 지각 자체의 구조에서 찾는다. 직접적으로 대상을 향하는 지각하는 사람은 이 구조들을 그런 것으로 인지하지 못하지만 이것들은 은폐되어 지속적으로 작용한다. 구조들은 대상들의 동일성 확인과 재인지를 가능하게 하는 상수(常數)들을 확고히 한다. 그러나 이것은 단지 지향적 의식의 계열형성을 넘어서는 맥락에서 가능하다. 그리하여 미국으로 이주했던 현상학자 구르비츠(A. Gurwitsch)는 1952년 "의식장"(意識場, Bewußtseinsfeld) 이론을 전개했다. 이 이론은 후설의 일률적인 의식이론을 유의미하게 개선시키고 있다.

지향적 의식의 현상학적 기술들은 그 심리학적 대응물들을 가진다. 이것을 현대 논리학과 기호이론의 창시자인 퍼어스(Charles S. Peirce)가 『믿음의 고정화』(*Die Festlegung einer Überzeugung*)(1877)에서 다음과 같이 서술하고 있다: "의심 그리고 믿음과 같은 정신(Verstand) 상태들이 있다는 것 — 의심으로부터 믿음으로의 이행은 가능하고, 사고의 대상은 그대로이고, 이 이행은 모든 정신들이 마찬가지로 구속되는 어떤 규칙들에 따른다는 것 — 이 함축된다." (in: 『실용주의 철학의 텍스트들』, 47)[3] 보편적 규칙들은 확고한 리듬에 의해 진행되는 반복의 규칙들이다. 제임스(W. James)는 그의 『심리학의 원리들』에서 의식류의 구성(Gliederung)을 운동과 휴지(休止, Ruhepause)의 주기적 교체로서 기술한다. 이 진행의 역동성을 후설은 그의 후기 작품 『형식논리와 선험논리』에서 지금까지 논리학에서 충분히 고려하지 않은 "그리고 등등"(Und-so-weiter)의 범주로서 묘사했다(Hua XVII, 196). 그리하여 플라톤적 관념론의 실체사고는 단절되었으며, 반복적(rekursive) 사고유형을 위한 길이 마련되었다. 이는 플라톤적 이념실재론의 역동적 운용에 필적할 만한데, 이 운용이 구조와 기능의 이원론을 제거한다. "그리고 등등"(Und-so-weiter)의 사고형식의 주관적 상관물을 후설은 다음과 같이 정식화했다: "우리는 항상 다시 할 수 있다(Man kann immer wieder)."

지향성에 관한 구조적 · 기능적 이론과 후기 카르납이 『의미와 필연성』(1947)에서 전개한 "언어적 진술의 내포적 구조"라는 구상이 일치한다. "내포"(Intension)(이것은 의미론적 개념인데, "지향"(Inten-

3 역주: 루이스 메난드 엮음, 『프래그머티즘의 길잡이』(김동식 외 옮김), 철학과현실사, 2001, 55쪽.

tion)이라는 의식이론적 개념과 혼동되어서는 안 된다)라는 개념 아래 그는 화자의 의도를 넘어서는, 높은 정도의 비규정성을 보유하고 있는 표현의 내용을 이해한다. 논리적 의미론에서 "내포"로 불리는 것은 후설에 의해 "지향성의 또 다른 근본 특징"이라고 묘사된다. 이 특징은 각각의 의식이 "그 체험 자체에 속한 의식의 잠재성들"에 대한 지시의 열린 지평을 "보유한다"는 데에서 성립한다(Hua I, 82).[4] 지각의 "지평 지향성"에 대해 후설은 다음과 같이 말한다; "미리 지시함(Vorzeichnung) 자체는 항상 불완전하지만, 그것이 규정되어 있지 않음(Unbestimmtheit) 속에서도 규정됨(Bestimmtheit)의 구조를 가지고 있다. 예를 들어 주사위는 보여지지 않는 측면에 관해서는 여전히 많은 것이 규정되지 않은 것으로 남아 있지만, 어쨌든 그것은 주사위로서 (...) 미리 파악되어 있다. (...) 그러나 이 경우 이 각각의 규정들은 그들의 특수성에서는 언제나 아직 규정되지 않은 채 남아 있다"(Hua I, 83).[5] 여기에서도 이미 언급된 의의형성의 역동적 구조원칙이 작용한다: 개방성과 비규정성의 상태에서 형태론적으로 완결성과 규정성의 단계로, 이 본보기에 정서적으로 불안정에서 안정으로 이행, 즉 충만의 감정으로서의 만족으로의 이행이 상응한다.

지향적 의식의 개념에 관해서는 많이 서술되었으며 항상 반복해서 그것의 궁극적으로 은유적인 성격이 가리켜졌다. 방향의 은유론(Richtungsmetaphorik)은 단지 의의형성의 한 측면만을 파악한다. 이

---

4 역주; 에드문트 후설 · 오이겐 핑크, 『데카르트적 성찰』(이종훈 옮김), 한길사, 2002, 92쪽 아래. 이 번역에는 "ein weiterer Grundzug"이 "더 이상의 근본 특징"으로 표기되어있다.

5 역주: 에드문트 후설 · 오이겐 핑크, 『데카르트적 성찰』(이종훈 옮김), 한길사, 2002, 93쪽 아래.

것은 능동적이며 구성적인 측면이지만, 그 보충으로서 수동적 측면이 필요한 것이다. 현대의 발화행위이론(John Austin)의 구성주의적 관점에 의해 의의형성의 규칙들은, 이것이 내포적 의미론(intensionale Semantik)을 통해 지지되지 않는다면, 불완전하며 이해하기 어려운 것이 되고 만다. 내포적 의미론은 집합이론(mengentheoretisch)의 틀 안에서 움직이며, 그와 동시에 한 술어의 외연을 우리의 세계뿐만 아니라 모든 가능한 세계를 위해 확정한다. 이는 전적으로 후설의 『논리연구』를 추동하는 직관주의적 사고에 상응한다. 그리하여 현대 언어철학의 대가인 존 썰(John R. Searle)도 자신이 지지하는 의의의 근원적 화용론을 부인하고, 책 한 권을 『지향성』(1983)이라는 제목으로 저술했다는 것은 뜻밖의 일이 아니다. 후설의 현상학적 분석을 고려함이 없이 썰은 지향성을 비-지향적 배경 앞에서의 언어적 의의의 기능으로 파악한다. 그는 분석철학의 시각에서는 오히려 이단적인 이 입장에 자연적인 표현의 내포적 의미론이라는 우회로를 통해 도달한다. 양상논리에서는 ("외연"에 대한 반대개념으로서) 한 표현의 "내포"와 의식행위로서의 "지향"이 서로 분리되어 정의될 수 없다. 썰이 지향성을 자연언어들이 충분히 표현해낼 수 없는 정태적 배경(einen zuständlichen Hintergrund)안에 부설하는 것은, 대상들에 관계함(Sich-Beziehen auf Gegenstände)은 오로지 언어사용의 규칙에 대한 이해에 놓여 있다는 비트겐슈타인의 도그마에 반대한다는 것을 뜻한다.

2.4. 의식작용들

후설에 의해 전개된 현상학적 대안은 그 표현들에서 물론 "유심론"(Mentalismus), 즉 내적 과정들의 절대화라는 비판에 노정된다. 특히 "본질직관"(Wesensschau)으로서의 내적 지각에 대한 표현은, 라일(G. Ryle)이 웃음거리로 만든, "데카르트의 극장"이라는 인상을 제공한다. 이에 대해 후설은 자신의 의식작용들의 중심개념을 통해 뒷받침한다. 왜냐하면 건립적(aufbauend) 혹은 "구성적"(konstituierend) 행위는 직접적으로 주어진 것이 아니기 때문이다. 물론 여기에 놓인 어려움들은, 후설이 "작용"(Akt)아래에서 단순히 감각인상의 결합이라는 내적 행위를 이해하는 것이 아니라, 예를 들어 그것이 확언적(affirmativ) 혹은 제재적 기능을 가진 "국가의 작용"(Staatakt)에서 표현되는 것처럼 타당성의 양상을 묘사한다는 점에 주의하면 줄어든다. 이에 상응하게 후설에게는 행위의 사고(der Gedanke der Handlung)가 중점에 놓인 것이 아니다.

나트롭(P. Natorp)의 심리학과 의견을 같이 하면서 후설은 명백히 "활동의 신화론"(Mythologie der Tätigkeiten)에 대항하여, "작용들"(Akte)을 심리적 실행들(psychische Betätigungen)이 아니라 지향적 체험(LU II/1, 379)으로 정의한다. 그러므로 작용들 내지 "작용특성들"(Aktcharaktere)은 그가 프레게에 동조하여 어떻게 의식내용이 주어졌는지 하는 방식(die Art und Weise)으로 규정하는 체험들의 양상을 나타낸다: 확실한 것으로서, 의심스러운 것으로서 등등. 비록 후설이 지향적 의식을 "실행"(Leistung)으로 해석하지만, 그는 실행을 행위와 동일시하지 않는다. 오히려 그는 기능성과 감당능력을 생각하는데, 그것은 사람들이 "실행력이 있는 기계"에 대해 말할 때와 유사한 그런 의미를 말한다. 그러니까 의식의 "실행"은 소여에 구별을 만드는, 자극이 동일하다고 하더라도 뉘앙스를 지각하는 능력에 있다.

의식에 사태가 어떻게 주어졌는지 하는 방식을 후설이 엄밀하게 고려한 점이 셸러(M. Scheler)를 현상학에 접목하도록 움직였다. 의식의 "작용특성" 내지 "작용의미"(Aktsinn)를 고려하면서 그는 "생산적 오성의 활동성이라는 신화"를 거부한다는 점에서 후설과 의견을 같이 한다. 여기에 두 사람을 칸트주의자와 구별하는 경계가 있다. 셸러는 의식행위를 순수한 오성 구성과 구별하고, 그 존재론적 위상을 "심리물리적으로 무차별적"이라고 규정한다(『형식주의』, 388).[6] 그와 함께 행위는 의의들의 의의(Bedeutung von Bedeutungen)를 획득하는데, 이 의의들이 필연적으로 언어와 결합되지는(sprachgebunden) 않는다. 셸러가 "가치"라고 부르는 '의의구비성'(意義具備性, Bedeutungs-haftigkeit)은 사태가 인간에게 가지는 유의미성, 중요성에 놓여 있다. 이러한 기초위에서 셸러는 동감을 상호주관적 소통의 토대로 분석한다. 그러므로 셸러의 현상학적 통찰은 인간에게 세계가 느낌과 의욕에서 직접적으로 다가오는 중요성에 따라 질서가 부여된 것으로 나타난다는 데 그 본질이 있다. 그러니까 언어적 분절(Artikulation)은 단지 일차적으로 체험에 주어진 구별들만 표현하며 오랫동안 제시하는 기능을 가진다. 이런 의미에서 셸러는 의식행위의 전체 영역을 위해 "정신"이라는 용어를 요청하는데, 그것의 최고 현존형식이 그에게는 인격(Person)이다(『형식주의』, 388 f.)[7]

6 역주: 막스 셸러, 『윤리학에 있어서 형식주의와 실질적 가치 윤리학』(이을상/금교영 옮김), 서광사, 1998, 463쪽.

7 역주: 막스 셸러, 『윤리학에 있어서 형식주의와 실질적 가치 윤리학』(이을상/금교영 옮김), 서광사, 1998, 462쪽 아래.

2.5. "무엇으로서 봄(Sehen-als)"

후설의 가장 독창적인 괴팅겐 제자 가운데 한명인 샤프(W. Schapp, 1884-1965)는 『지각의 현상학에 대한 논문집』(*Beiträgen zur Phänomenologie der Wahrnehmung*, 1910)에서 지향적 의식을 [새롭게] 해석한다. 이 해석은 인간이 사물을 자기 밖에 존재하는 것으로 지각하는 데에서 성립하는 지각의 "작용의미"(Aktsinn)를 뒷받침한다. 결론적으로 모든 사물들을 감각자료로 해체하는 버클리의 이론과 같은 주장은 올바르지 않다고 한다. 시각적 지각에 대한 상세한 서술에서 샤프는 눈이 향하는 대상들은 항상 자의(恣意)에서 벗어나는 색의 스크린을 통해 매개된다는 점을 가리킨다. 개별적인 색지각을 예를 들면 "빨강 자체"(Rot an sich)처럼 색의 종개념(種槪念, Spezies)의 "음영들"(Abschattungen)로서 해석하는 후설과는 다르게 샤프는 대상들의 개별성을 "바라봄"(Anschauen)과 구별해서 "사념함"(Meinen)으로 부르는 해석적 계기로 환원시킨다. "사념함"은 조야한 감각인상들의 상황과 결부된 해석으로서 기능한다. 그것은 판단에서 비로소 생겨나는 것이 아니라 선(先)술어적 지식형식으로서 모든 지각을 특징짓는다. 나중에 비트겐슈타인이 말하듯이 샤프는 "무엇으로서 봄"(Sehen-als)에 대해 말하는데, 이것에는 항상 "무엇으로서 사념함"(Meinen-als)이 기초에 놓여 있다(『지각의 현상학에 대한 논문집』, 129쪽 아래). 어떤 것이 무엇으로서 보여지며, 사념하게 되고 혹은 해석될 때 단지 언어적 분절(Artikulation)에만 달린 것이 아니다. (샤프의 예를 들자면) 내가 어떤 것을 베이컨의 두꺼운 껍질 혹은 점토 조각(Tonscherbe)으로 지각하는지는 항상 그 안에 이 둘이 존재하는 하나의 생활세계를 전제한다. 그러나 그러한 방식이 문화적으로 특화되기 전에

"무엇으로서 봄"(das "Sehen-als")은 경험 일반에 속한 차별화를 포함하고 있다. 그리하여 누군가가, 비록 어떤 대상이 정확히 문제가 되는지 명백히 말할 줄 몰라도, 처음에 사념한 것과는 다르게 볼 수 있다.

샤프와 나란히 호프만(Heinrich Hofmann)과 링케(Paul F. Linke, 1876-1955)와 같은 다른 괴팅겐 학자들도 지각의 현상학적 분석을 계속 전개했다. 그들은 후설의 초기 현상학을 객체로의 실재론적 전회로 이해했는데, 이 전회가 신칸트주의자의 초월적 관념론의 종말을 예비한다. 괴팅겐 제자보다 더 중요하며 더 유명한 학자들은 뮌헨에서 심리학자 립스(Th. Lipps, 1851-1914)의 주변 인물들을 중심으로 결성되었으며, 이들은 셸러와 함께 펜더(A. Pfänder, 1870-1941), 가이거(M. Geiger, 1880-1937) 그리고 라인아흐(A. Reinach, 1883-1917)가 속했던 "철학회"(Philosophische Gesellschaft)의 사상가들이다. 이 그룹은 셸러의 지도 아래 괴팅겐에서의 후설 현상학에 접목했는데, 물론 이때 후설 사고의 엄격함과는 항상 어느 정도 거리를 두고 있었다. 1911년 립스를 위한 기념논집이 발간된다. 이 논문집에 "철학회"의 가장 중요한 회원들이 『논리연구』로부터 영감을 받았던 그들의 논문들을 게재했다.

오늘날의 시각에서는 후설의 『논리연구』가 특수한 지위를 차지하고 있는데, 이것이 그를 비난받게 만들었으며 논리적 의미론에 연결되는 것을 방해했다. 그리하여 라일(G. Ryle, 1900-1976)은 1971년 「현상학과 언어학적 분석」에서 절대로(kategorisch) 현대 심리철학은 후설의 『논리연구』와 함께 시작할 수 없다고 단언했다. 왜냐하면 『논리연구』는 전적으로 분석철학을 통해 추월된 실증주의의 영역에서 작동하기 때문이다. 라일은 후설을 밀(J. S. Mill, 1806-1873)의 귀납논리와 비교하며, 특히 밀의 『해밀턴 경의 철학의 시험』(Prüfung der Philosophie Sir William Hamiltons)(1865)을 언급한다. 이 언급은 역사적으로나 내용적으로 전적으로 적절한 것이다. 물론 그것으로 후설의 논리학에 대한 최종 평결이 내려진 것인가는 의문시될 수 있다. 아마도 의의론(意義論)과 의식이론을 결합하려는 현상학적 기획은, 논리적 행동주의자이며 분석철학자인 라일(G. Ryle)에게 나타난 것처럼, 그렇게 시대에 뒤떨어진 것은 아닐 것이다.

2.6. "참된 실증주의"

실증주의와 현상학의 관계는 통일적이지 않다. 후설은 마흐(Ernst Mach, 1838–1916)뿐만 아니라 "경험비판주의자"인 아베나리우스(Richard Avenarius, 1843–1896)와도 거리는 둔다. 이 둘은 지각들의 총괄로서의 의의형성을 경제원칙에 따라 이해한다. 후설은 의의들(Bedeutungen)의 환원불가능한 이념성을 강조함으로써 감각주의적 실증주의에게 최후의 일격을 가했다. 그러나 이것은 그와 동시에 후설이 분석철학의 진영에서 종종 가정되는 플라톤적 관념론으로 회귀한다는 것을 결코 의미하지 않는다. 이러한 가정은 사태에 적절하지 못한 가정이지만, 이에 대해 후설의 용어들이 전혀 책임이 없는 것은 아니다. 그럼에도 그의 분석은 그가 의의의 문제를 새로운 방식에서 접근한다는 것을 분명히 알 수 있게 해준다. 이 방식은 실증주의, 즉 현실에 대한 자신의 추구에 철저히 부합한다.

우리가 이미 밀(J. S. Mill)의 귀납논리학에서 추론할 수 있는 것처럼 19세기의 실증주의는 사실들에 대한 맹목적인 믿음(Tatsachenglaube) 이상의 것이다. 이것은 슐릭(M. Schlick, 1882–1936), 카르납(R. Carnap, 1891-1970) 그리고 한때 비트겐슈타인도 속했던 "비엔나 학파"의 실증주의에서 더 잘 드러난다. 실증주의 사고는 논리학과 인식론의 영역에 후설 현상학에서 계속 남아 있는 내적 긴장을 지적한다. 한편으로 실증주의는 소여의 객관성에서 출발하는 실재론처럼 행세한다. "실증적"(positiv)이라는 형용사는 "실제적"(real)이라는 것(평가적인 함축 "신뢰할 만한"vertrauenswürdig과 함께) 만큼을 의미한다. 다른 측면에서 실증주의는 "사실들"(Tatsachen)을 인간의식으로 이동시키는데, 이 의식은 표상들의 그 자체에서 조율된 연관으로 파악된다. 그 연속성을 통해 인과연관과 구별되는 의식에 특유한 연관형식은 (그 안에서) 표상들의 응축(Vorstellungsverdichtungen)이라는 형식에서 의의들이 형성되는 논리적 공간을 제공한다. 그러므로 의의들은 이미 실증주의에서 이 의의들을 가리키는 실제적 대상들과 구별된다.

후설에게 실증주의 양면성은 연상심리학의 계열도식(das assoziationspsychlogische Reihenschema)이 그를 더 이상 만족시키지 못한다는 것에서 드러난다. 각각의 개별적 의식상태에서 의식의 전체 연관에 대한 관계가 현전해야만 한다. 이 관계가 부재하는 곳에서 후설은 "객관주의"에 대해 언급한다. 그는 여기에 대해 잘못 이해된 실증주의에 책임을 돌린다. 이런 의미에서 후설은 단호하게 법정으로 나아간다; "그런데 실증주의는 말하자면 철학의 목을 베어버렸다." (Hua VI, 7)[8] 그러나 이것이 『엄밀한 학으로서의 철학』에서 자신의 방법으로 "참된 실증주의"로 묘사하는 것을 막지는 않는다(Hua XXV, 60)[9]. 참

8 역주: 에드문트 후설, 『유럽학문의 위기와 선험적 현상학』(이종훈 옮김), 한길사, 1997, 69쪽.

9 역주: 에드문트 훗설, 『현상학의 이념. 엄밀한 학으로서의 철학』(이영호, 이종훈

된 실증주의는 의식을 물화하는 자연주의의 모든 형식에 대항하는 경계설정에서 성립한다. 그에 반해 후설 현상학에서는 주관주의와 객관주의의 대립의 피안에 놓여 있는 의의형성의 장소로서 의식의 고유성과 고유 법칙성을 규명하는 것이 관건이다.

옮김), 서광사, 1988, 219쪽.

3. 현상학적 환원: 가능성의 매혹

1913년 후설이 편집한 『철학과 현상학적 탐구를 위한 연보』(*Jahrbuchs für Philosophie und phänomenologische Forschung*)가 출간되었는데 그 공동편집자가 막스 셸러였다. 이 연보는 뮌헨 현상학파의 주요 저서를 포함하고 있다. 가이거(M. Geiger, 1880–1937)는 『미적 향유의 현상학에 대한 논문』에서 심리학주의에 대항하여 전회를 실행했으며, 미학을 미적 가치의 학문으로 묘사했다. 라인아흐(A. Reinach, 1883–1917)는 선험적 법론(apriorische Rechtslehre)으로서의 법철학을 현상학적으로 정초하였다. 법의 보편주의는 요구, 의무, 전가 등과 같은 개념의 이상적 의의(意義)에 기인한다고 한다. 이러한 개념들을 해명함으로써 라인아흐는 법적 의무의 본질을 규정하는 것이 가능하다고 간주했다. 후설은 『연보』에서 그의 『순수 현상학과 현상학적 철학의 이념들』 제1권을 발표했다. 이 저술은 특히 초월적 관념론에 접근함으로써 그가 지금까지 수행한 탐구의 실재론적 노선을 탈피하고 있다. 이것이 괴팅겐 현상학파가 몰락하는 데 기여했다. 이와 더불어 전쟁시기와 전후시기에 이루어지는 현상학적 운동의 제2의, 즉 초월철학의 단계가 시작된다.

3.1. 초월주의(Transzendentalismus)

(그 안에서) 오늘날까지 현상학의 대부분의 추종자들이 그들의 완결을 조망하는 초월철학적 전회는 후설을 칸트에 이중적 관계로 가져가는 양날의 칼이다. 의심할 나위 없이 후설은 "코페르니쿠스적 전회"를 칸트와 다르게 해석한다. 칸트에게 중요한 것은 대상들이 인식의 형식에 의해 정돈된다는 것만이 아니다. 이것은 장미색의 안경을 통해서는 모든 것이 장미색으로 보인다는 '지각으로부터 너무나 잘 알려진 사태' (ein aus der Wahrnehmung allzeit bekannter Sachverhalt)이다. 오히려 그에게 중요한 것은 종합적 인식이 선험적으로(a priori) 의식의 통일성의 조건이라는 것을 입증하는 것이다. 칸트는 이 문제를 판단형식에서 획득한 범주표와, "나는 생각한다"(Ich denke)로부터의 이 범주표의 연역(정당화)을 통해 해결하려고 시도한다.

그에 반해 후설은 범주의 연역이라는 계획을 제외시키며 신칸트주의의 항로에서 범주개념을 상징적 형식의 열린 체계로 확장시켰다. 이 형식의 가장 낮은 층위가 지각의 불변적 구조를 형성한다. 그와 함께 '선험적 기반' (Apriori)도 역시 구조적 의미를 획득한다. 그것은 경험에 다가서며, 인간 의식의 문화적으로 변화하는 형식을 고려하여 상대화되었다. 범주로부터의 탈출은 인식론적으로 분명 진보라고 평가할 수 있지만, 더 이상 칸트의 엄밀한 의미에서 초월철학과 관련이 있는 것은 아니다. 그리하여 다음 사항이 중요하다; 누군가 무조건 "초월적"(transzendental)이라는 표현을 고집하려 한다면 이것은 칸트를 벗어나는 의미에서 이해될 수 있다는 점을 첨언해야 한다.

3.2. 구성이론(Konstitutionstheorie)

후설과 칸트가 항상 "초월철학"(Transzendentalphilosophie)이라는 주제어 아래 함께 언급되는 것은, 현상학이 칸트 체계의 가장 핵심적인 내용에 속하진 않지만 역사적으로 가장 영향력이 있었던 구성이론에서 칸트와 같은 견해를 보이는 데 기인한다. 칸트의 구성이론은 공간과 시간이라는 직관형식의 주체성의 학설과 오성의 자발적 종합의 학설을 포괄한다. 피히테에서 셸링을 거쳐 현대 구성주의자들까지 받아들인 학설들은 선험적 인식(apriorische Erkenntnis)이 오성이 고유한 힘의 완전성에 의해 대상들에게 법칙을 부여함으로써만 가능하다는 것을 의미한다. 정확히 후설도 이것을 때때로 모든 경험적 요소로부터 정화된 초월적 의식을 위해 받아들인다. 물론 후설은 "구성"(Konsti-tution)을 단지 주체에서 시작하는 "형성"(Formung)으로 이해하지 않는다는 점에서 근본적 구성주의자들과 구별된다. 그에게 "구성"은 주체와 객체를 포괄하는 연결의 과정, 즉 오늘날 "창발"(Emergenz)로 불리는 형태들과 대상들의 형성(Herausbildung) 과정을 의미한다. 비록 의식이 대상을 구성한다고 후설이 말하지만, 그는 동사를 그 재귀적(reflexiv) 형식에서 더 빈번히 사용한다: 대상들이 의식에서 "구성된다"(konstituieren sich). 이와 관련된 특별히 긴박한 해명이 이미 1907년에 행한 『현상학의 이념』이라는 제목의 강의에서 발견된다: "구성한다는 말은 내재적 소여성이, 처음에는 마치 어떤 사물이 상자 속에 들어 있는 것처럼 보이지만 의식 속에 단순히 들어 있는 것이 아니라, '현상'과 같은 어떤 것 속에서 그때그때 자신을 나타낸다는 것을 뜻한다. 그리고 소여성이 그 속에 나타나는 현상은 그 자체로 대상들도 아니며 대상들을 내실적으로 포함하고 있지도 않다. 현상은 오히려 그의 교호적(交互的)으로 변경하는 매우 특징적인 구조에 있어서 대상들을 자아(das Ich)에 대하여 어느 정도까지는(gewissermaßen) 창조한다. 그리고 창조한다는 것은 바로 이런 종류와 이런 구조의 현상들이 '소여성'이라 불린 것이 놓여 있는 것에 속하는 한에 있어서 그렇다."(Hua II, 71)[1] 그러므로 자아는 현상의 창조적 원천이 아니며, 그것은 의식류, 즉 대상들을 단지 '어느 정도까지는' 만드는 현상들의 흐름을 바라보는 마치 관객처럼만 작용한다. 비록 후설이 칸트에 연결해서 "종합"을 계속 언급하지만, 그는 구성을 그런 이유에서 묘사의 행위, 즉 종합적이 아니라 분석적으로 대응하는 분절(Artikulation)의 행위에 국한한다.

사후에 비로소 출간된『이념들』의 2권에서 후설은 "구성에 대한 현상학적 탐구"를 제시한다. 이 탐구는 구성이 대상을 목표로 한다는 것을 증명한다. 자연과학적 세계모델과 구별되어 "정신적 세계의 구성"은 동기부여의 "원칙"에 따라 이루어진다. 이 구성은 인과적 결정에서 벗어나는데, 이는 이 구성이 항상 자유의 활동공간을 허용하기 때문이다. 이러한 기초 위에서 후설은 이성과 감성의 이원론을 하나의 계층모델에서 지양하는 인격개념을 전개한다. 인격으로서 자유로운 자기는 [한편으로] "성격의 기질, 즉 근원적이고 은폐된 성향이라는 불분명한 토대에, 다른 한편으로 자연에 종속적인 것으로 나타난다."(Hua

1 역주: 에드문트 후설,『현상학의 이념: 엄밀한 학으로서의 철학』(이영호, 이종훈 옮김), 서광사, 1988, 124쪽 아래.

IV, 276)[2] 후설에게 "어두운 토대"는 인격에 속한다; 그것은 결코 극복될 수 있는 기체(Substrat)가 아니라 그로부터 인간이 행위하며, 그리고 확고한 규칙에 따라 인격의 통일성이 구성되는 지속적 태도를 대변한다.

여기서 카르납의 구성이론과의 비교가 뇌리를 파고든다. 『세계의 논리적 건립』(*Der logische Aufbau der Welt*, 1928)에서 카르납은 구성을 진술들의 논리적 연역(Ableitung)으로 정의한다. 그에게 연역 혹은 "환원"은 보편적 규칙들에 따라 이루어진다. 이 규칙들은 기초적 진술에 도달하기 위해 우리가 어떻게 진술들(Aussagen)을 변형해야만 하는지를 제시한다. 그는 구성규칙들을 "번역규칙들"이라고 부른다. 하나의 "구성 체계"는 높은 단계의 대상들이 "낮은 단계의 대상들로부터 구성되면" 성립한다고 한다(『세계의 논리적 구성』, 2). 눈에 띄는 것은 "구성한다"(konstituieren)라는 동사의 타동사적(transitiv) 용법이다. 그로써 카르납은 중립적 표현방식을 지향하는데, 이는 소여의 경험론과 똑같이 산출(Erzeugung)의 신칸트학파 관념론과 거리를 두려고 하는 것이다(『세계의 논리적 건립』, 5). 그런 이유로 카르납의 구조개념에서는 구축(Konstruktion)과 구성(Konstitution)이 교차한다. 그리고 정확히 이 비규정성이 후설의 구성이론에도 해당한다.

---

2 역주: 에드문트 후설, 『순수현상학과 현상학적 철학의 이념들 2』(이종훈 옮김), 한길사, 2009, 357쪽. 이 번역에서는 "특성소질과 근원적이거나 은폐된 성향들의 희미한 토대에 종속적이고, 다른 한편으로 자연에 종속적인 것으로 발견된"으로 표기되어 있다.

3.3. 명증성

후설의 구성이론은 "명증성" 개념으로 인도한다. 이 개념은 "지향성"과 나란히 현상학적 탐구의 두 번째 근본주제이다. 오늘날 진리의 명증성이론은 단지 몇몇 사상가에 의해서만 지지되며, 이것은 분명 현상학을 고립시키는 결과를 초래했다. 그러나 이러한 거부는 후설이 계속해서 헛되이 방어했던 하나의 오해에 기인한다. 그에게 명증성은 진술에 결합된 것이 전혀 아니다. 따라서 그는 명증성을 진리의 규준으로 고찰하지 않는다. 『논리연구』 6장에서 후설은 「진리와 명증성」이라는 주제를 다루고 있다. 이는 진술과 사태의 일치(말하자면 진리의 전통적 규준)가, 사태가 현실속에 있는 것으로서 생생하게 그려낼 때에만 비로소 "참"으로 부를 수 있다는 것을 입증하기 위한 것이다. 그러므로 어떤 진리이론도 현실개념 없이는 지탱하지 못한다. 그러나 현실은 실제적 술어가 아니다. 그것은 지향들의 "충만"으로 경험되고, 이것을 후설은 "명증성"이라고 부르며, 간접적 소여에서 직접적 혹은 원본적 소여까지 여러 가지 등급을 가정할 수 있다. 동시에 그는 명백히 "명증성의 감정이론"과는 거리를 둔다. 후설에게 명증성은 매체의 성격을 가지며, 이를 "자기소여(Selbstgegebenheit)"라고 지칭했다. 하나의 사태가 첫눈에 의문의 여지가 없는 것으로 드러날 때 그것은 "자기소여된" 것이다. 예를 들면 직선이 두 점 사이의 최단거리인 것이 그러하다. 그럴 경우 명증성은 "자명성"으로 가장 잘 번역된다. 그에 따라 "명증적"의 반대는 "틀림"이 아니라 오히려 "비개연적", "부조리"이다. 이런 배경에서 후설은 "명증성의 현상학"(Phänomenologie der Evidenz)에 대한 보충으로 "부조리의 현상학"(Phänomenologie der Absurdität)을 제시하는데(Hua III/1, 314), 그와 함께 논리적으로 가능한 세계도 포함된다. 이 세계 안에서 어떤 대상도 우리에게 알져진 방식으로 구성되지 않으며, 우리는 그 세계에 대해 기껏해야 예술가의 상상력을 통해 알 수 있다. 그에 따라 명증성은 미적 개념이며, 찰스 퍼스(Charles. S. Peirce, 1839–1914)가 의식의 자기 자신과의 직접적 경험이라는 관계독립적 성질을 나타내기 위해 도입한 "1차성" (Erstheit)의 형식적 범주와 전적으로 견줄 수 있다. 덧붙여 말하자면 퍼스는 1900년 이후 이 개념을 위해 역시 "현상학"이라는 표현을 사용했다.[3]

3.4. 환원이론

후설이 명증성의 개념을 관념론적 구성이론에서 얼마나 멀리 벗어나게 하는지는 그의 초월적 전회의 핵심 부분을 형성하는 환원이론에서 드러난다. "환원"은 두 가지 방법적 절차를 의미한다. 이 둘은 해명되지 않는 관계에서 서로 마주하고 있는데, "형상적 직관 혹은 환원"과 "현상학적 혹은 초월적 환원"이 그것이다. 『이념들 I』의 출발점을 형성하는 형상적 환원을 후설은 소여를 실재(성)로 고찰하는 인간의 "자연적 태도"의 배제로서 회의적 판단보류 혹은 "에포케" (Epoché)에 대한 유비에서 기술한다. 이 환원의 목표는 소여의 경험적 실재로부터

3 역주: Charles S. Peirce, *Phänomen und Logik der Zeichen*(hg. u. übers. v. Helmut Pape), Ff.M. 1983, 55쪽. 퍼스는 표현체와 대상, 해석작용이라는 요소를 각기 1차성, 2차성, 3차성의 범주로 다시 분류하는데 그는 이 범주들을 다음과 같이 규정한다: "1차성은 단순하며 다른 어떤 것과 관련 없이 존재하는 것이다. 2차성은 2차적 실체가 제3의 어떤 것과 관계없이 자신의 상태를 유지하는 것이다. 3차성은 2차성을 생겨나게 함으로써 존재하는 어떤 것이다."

"본질"(Wesen)의 직관으로 파고드는 것이다. 후설은 "본질"이라는 표현을 보편적 타당성 요구를 수반하는 의의들로 이해하는데, 여기서 플라톤의 이데아들과 비교가능하다. 그리하여 그는 이러한 색 경험의 특수한 것을 특징짓기 위해 "본질 빨강"(Wesen Rot)에 대해 말한다. 그런 종류의 "본질"을 간파하기 위해 후설은 경험적 의식상태들의 "자유변경"(freie Variation)이라는 절차를 권고한다. 여기서 상상력에 하나의 중심적 역할이 부여된다. 자유 변경을 통해 현상의 변화에서 유지되는 "불변수"(Invariante), 즉 경험된 대상들의 동일성 확인과 재인지를 담보하는 "필연적인 보편적 형식"이 파악되어야만 한다.[4]

물론 형상적 환원과 더불어 "본질직관"과 "본질학"에 대한 언설(Rede)을 정당화하는 보편성 등급과 필연성 등급의 도달 가능성에 대한 물음이 제기된다. 확실히 우리는 예컨대 시각 지각에서 변경 가능성의 경계까지 나아간다. 그리하여 신체의 표상에서 모든 부차적 성질들이 물러가면, 데카르트의 『성찰』의 각성(Wach)의 예처럼 단지 연장(Ausdehnung)만이 남는다. 비록 후설이 데카르트와 달리 그로부터 형이상학적 실체주의를 추론하지는 않지만, 그는 형상적 변경을 통해 시각적 형태들의 규정성과 역설의 해방의 극한에 도달할 수 있다는 의견이었다. 이런 방식으로 그는 수학적 직관주의의 구성 원리(Konstruktionsprinzip)에 부합할 수 있다고 생각했다. 자연적 세계경험에 대한 후설의 신뢰는 물론 심리학의 발전을 통해 다시 흔들리게 되었다. 그리하여 시각 지각에도 역시, 네덜란드의 그래픽 예술가 에셔(M. C. Escher, 1898–1972)의 '수수께끼 상들'(Vexierbilder)에서 묘

---

4 역주: 에드문트 후설, 『순수현상학과 현상학적 철학의 이념들 1』(이종훈 옮김), 1997, 119쪽 아래 참조.

사된 것과 같이, 역설적 사태들이 존재할 수 있다는 것이 드러났다.

예셔의 그림을 준거로 삼는 것은 우연한 일이 아니다. 그것은, 후설을 본질직관이라는 입증 불가능한 능력의 신비주의라는 비난에서 자유롭게 하는 궤도로 형상적 환원의 이해와 자명성을 유도하려 한다. 정말 문제가 되는 것은 분리의 특수한 방식을 통해 전형적 표현을 인식하는 미적 경험의 형식이다. 보편성은 당시의 예술학(Kunstwissenschaft)에서 불렸던 것과 같이 "좋은 형태" 혹은 "내적 결속"의 보편성이다. 예술적 태도와 현상학적 방법의 유사성은 이미 일찍이 후설 자신 및 그의 괴팅겐 제자들에 의해 제기되었다. "현상학은 특정한 방식에서 예술가의 기질(Anlage)을 가져야만 한다"고 샤프(W. Schapp)의 『지각의 현상학에 대한 논문집』(12)에서 표현되고 있다. 본질직관은 절대적 필연성은 아니지만, 아마도 그 특수성에서 인식될 수 있는 소여의 보편성의 형식을 제공한다. 그리하여 현상학의 '선험적 기반' (Apriori)은 미적 명증성으로 증명된다. 이 명증성이 현실에서 감각 경험에게는 은폐된 의의들을 가시적으로 만든다.

3.5. "가능성의 의미"

후설은 또한 형상적 환원을 특정한 지각의 사실(Faktum)이 지각들의 "순수한 가능성"으로 변화하는 것으로 서술했다: "우리는 마치 현실적 지각을 비현실성의 영역, 즉 이러저러한 사실 일반에 결합된 모든 것에서부터 벗어난 순순한 가능성들을 우리에게 제공하는 '반사실적 관점' (Als-ob)의 영역으로 옮겨 놓는다. 후자의 관점에서 우리는 함께 정립된 사실적 자아와의 결합에서가 아니라, 곧 완전히 자유로운 상상(Phantasie)에 의해 생각할 수 있는 것으로서 그 가능성을 유지한다"(Hua I, 104).[5] 그와 같은 종류의 표현들은 현상학을 1차 세계대전 이후 일반 대중들에게도 매력적으로 보이게 만들었다. 특히 감성적 성격의 소유자들은 "가능성의 의미"에 대해 매혹되었으며, 무질(R. Musil, 1880-1942)은 이 의미를 그의 소설 『특성 없는 남자』에서 단조로운 "현실의미" 위에 정립했다.

"순수한 가능성들"은 자연주의의 조야한 현실에서 자유로워지며, 그리고 제한되지 않은 환상의 세계라는 파라다이스로의 길이 열린다. 정신사적으로 이런 방식의 현상학 독해(Lesart)는 역사의 아이러니이다. 왜냐하면 이 읽기는 후설이 선언한 최종근거의 의도에 반하여 이루어지기 때문이다. 우리는 직설적으로 현상학이 "세계의 미학적 정당화"의 학문적 형식으로 수용되었다고 말할 수도 있을 것이다. 이것은 빌헬름 황제 시대의 "안전"(Sekurität)을 상실한 전후 시대의 정신에 부합한다. 후설은 모든 형식의 상대주의에 대해 날카롭게 대항했음에도 불구하고 탈근대적인 피상적 세계경험의 최초의 운동을 나타내는 새로운 시대정신에 대해 둔감했던 것은 아니었다. 그가 이미 1917년 『유럽 문화의 위기』라는 저술에서 "탈근대적"(postmodern)이라는 단어를 사용했던 보수적인 문화철학자 판비츠(Rudolf Pannwitz, 1881-1969)에 결속된 것으로 느끼는 것은 우연이 아니다. 어느 정도까지 우리가 여기서 보수적인 교양시민계급의 탈출의 메커니즘에 대해 말할 수 있는지는 답변을 보류한다. 어쨌든 다시금 현상학을 미학이론으로 변형시키려는 후설 초월주의의 이중적 경향이 드러난다.

---

5 역주: 에드문트 후설 · 오이겐 핑크, 『데카르트적 성찰』(이종훈 옮김), 한길사, 2002, 126쪽 아래. 이 번역에는 'Als-ob'을 '마치 어떠한 것'으로 표기하고 있으나, 여기서는 '반사실적 관점'이라 표기한다.

3.6. 초월적 환원

후설은 나중에 형상적 환원을 초월적 환원을 통해 보충했다. 이 초월적 환원은 모든 존재 정립을 배제하며, 판단에서 단지 직접적으로 주어진 의식내용들, 즉 순수한 "현상들"에 국한한다. 이로써 후설은 또한 주체성에서 모든 실제적인 것, 그와 동시에 모든 우연적인 것을 배제하려 했다. 그러나 이것은 그에게 결코 이루어질 수 없었다. 왜냐하면 존재주장들(Existenzbehauptungen)의 배제는 단지 경험적 인식, 이른바 개별적인 주관적 상태들만 제공하기 때문이다. 그리하여 근거지음이라는 관점에서는 왜 후설이 형상적 환원에 또 초월적 환원을 보충하는지가 잘 이해되지 않는다. 이는 전자가 "본질직관"으로서 이미 보편적이며 절대적으로 확실한 통찰을 제공한다는 데 기인한다. 수수께끼의 해결은 아마도 후설이 "순수한 가능성들"에서 두 가지 층위를 구별하는 데 놓여 있다. 대상적 형태들의 열려 있는 층위와 정태적(zuständlich) 의식의 숨겨진 층위가 그것이다. 이 층위는 의의들을 목표로 하는 지각에는 보이지 않으며, 그리하여 이것을 노출시키기 위해서는 결을 거슬러 진행되는 절차가 필요하다. 이런 의미에서 후설은 그의 초월적 현상학을 지금까지 발견되지 못한 의식의 "심층"에 파고 들어가는 시도로 정의한다.

이 표현들은 현상학자들에게 바람직했던 것보다 초월적 현상학에 더욱 근접한 프로이트의 무의식 심리학을 연상시킨다. 환원에 대한 후설의 서술은 철저히 의식의 무의식적 층위의 발견으로 읽힌다. 프로이트와 다른 점은 다만 프로이트가 심층을 내용적으로 성적 욕망과 상징을 통해 점유하는 데 반해, 후설은 형식적 구조의 재구성에 제한한다는 점에 있다. 후설이 프로이트의 본능이론과 그로부터 귀결되는 강박

관념의 기제를 받아들이지 않지만 그럼에도 그의 환원이론은 정신분석적으로 해석된다. 이때 환원이론은 의심할 나위 없이 설득력을 획득할 수도 있을 것이다. 왜냐하면 후설 자신에 의해 항상 되풀이해서 언급된 지각 과정의 동기부여라는 물음이 어떤 대답을 얻을 수도 있기 때문이다. 의식구조 혼자만이 동기를 부여하는 것이 아니라, 그것은 단지 조절할 따름이다. 프로이트가 성욕(Libido)에서 인지하는 동인은 단지 외부로부터만 올 수 없으며, 지향성 자체에 놓여 있어야만 한다.

초월적 환원의 이러한 독해는 후설의 자기이해에 반하여 "최종근거지음"으로의 길이 중요한 것이 아니라는 점을 인식하도록 해준다. 오히려 감각 경험에 의미와 의의를 부여하는 세계해명의 구조와 기능들이 발굴된다. 세계를 해명하는 지향적 의식의 힘은 그것의 탁월한 해결능력에 놓여 있다. 이 능력이 인간에게 소여에서 가장 섬세한 구별을 만들어내는 것을 허용한다. 그런 종류의 심화를 후설은 내적 시간의식에 대한 그의 분석들을 통해 제공한다. 이 분석들은 직관형식으로서의 시간이라는 칸트의 개념을 능가한다. 이는 이 분석들이 표상들의 연쇄의 연속성을 토대적이며, 임의적인 산출에서 벗어난 소여로 파악한다는 점에서 그러하다. 하이데거는 『존재와 시간』에서 "통속적 시간이해"를 현상학적으로 심화시킴으로써 지향성을 역동적으로 "시간화"(Zeitigung)[6]의 의미에서 새롭게 해석하게끔 자극했다(『존재와 시간』, 330).

---

6 역주: 마르틴 하이데거, 『존재와 시간』(이기상 옮김), 까치, 1998, 432쪽 아래. 이 단어는 때로 '시숙'(時熟)으로 번역되기도 한다.

3.7. 환원이론의 강점과 약점

초월적 현상학이 설령 인간인식의 최종 정초라는 목표를 달성하지 못한다 하더라도 그 환원들은 결코 아무런 성과가 없는 것이 아니다. 환원들을 통해 도달된 외적 경험과 내적 경험이라는 구조의 발굴은 하나의 의의차원을 개시한다. 이 차원은 개념형성보다 앞서 놓여 있으며, 그리하여 "미적"(ästhetisch)이라고 불려야만 한다. 이것은 서술되었듯이 "좋은 형태"(gute Gestalt)를 목표로 하는 형상적 변환뿐만 아니라, 판단에서 존재주장 없이 표현되는 의식내용의 발굴에도 해당된다. 이러한 작업을 칸트는 자신의 미적 경험에 대한 학설에서 기술했다. 그에 따르면 미의 판단은 관찰자가 한 사물의 존재와 기능을 도외시하고 단지 형식만을 주시한다는 것을 전제한다. 그와 결합된 "무관심적 만족"(interesselose Wohlgefallen)은 미적 경험의 주체의 상태를 가리킨다. 이 상태는 현실의 인과적 연관들로의 실용적 연결과는 명백히 분리된다. 현상학적 환원들이 노출시키는 구조들은 이 의식상태에 상응하며, 그러므로 구조들은 예술작품처럼 특수에서 보편을 가시적으로 만드는 미적 도식들이다.

이 기능은 일반화되며, 대상지각 일반의 과정에 적용된다. 밀(John Stuart Mill, 1806-1873)은 이를 위한 모델을 제공한다. 그에 따르면 "가능한 지각들"(*sensibilia*)이 '실제적 지각'(*sensations*)을 구조화한다. 이 인식론적 모델의 요점은 질서가 오성을 통해 감각적 소여에 새겨지는 것이 아니라, 이 질서가 감각 경험에게 그것의 추정함(Extrapolation)[7]과 형식화로서 내재적이라는 데 있다. 이것은 후설이 경험

7 역주: 외삽법(外挿法)이라고 번역되는데, 과거의 추세가 장래에도 그대로 지속되

의 현실보다 가능성에 우위를 부여할 때 정확히 의미하는 바이다. 일견 허구주의로 보이며, 후설에 의해 오해받게끔 표현된 것은 현실개념의 차별화에 부합한다. 그러므로 현실은 지향들, 즉 현실들에게 규칙들을 선험적으로(a priori) 제공하는 "순수한 가능성들"의 충족가능성이다(Hua I, 66).

후설이 그의 직관주의의 근본적인 경험론적 배경을 초월적 관념론으로 은폐한다는 것은 정신사의 진기함에 속한다. 이에 대한 본보기는 물론 칸트가 아니라 쇼펜하우어이다. 그는 주지주의를 『의지와 표상으로서의 세계』의 보충판(§19)에서 함축적 공식 "자기의식에서 의지의 우위에 관하여"라고 표현한 주의주의를 통해 대체한다. "의지"는 여기서 자유로운 결정과는 아무런 상관이 없으며 의식류를 움직임 속에 유지하는 힘을 나타낸다. 의지충동은 심급인데, 쇼펜하우어에 따르면 이것이 인간을 현실과 결합시킨다. 삶에의 의지를 부정함으로써 비로소 세계의 새로운 층위가 열리는데, 이것을 쇼펜하우어는 "직관적 인식"이라 부른다. 삶에서 맹목적 충동으로 기능하는 의지가 직관적 인식에서 자기 자신을 인식한다. 쇼펜하우어가 주장하는 의지의 자기인식은 동시에 세계인식이다. 그러나 관건이 되는 것은 그 우연성에서의 세계인식이 아니라 세계의 전체 용모이다. 이것은 이론적으로 먼저 "미적 이념"에서, 그 다음 실천적으로 "무"(Nichts)에의 분유(Teilhabe)에서 경험된다.

정확히 이 사고유형이 후설의 환원이론의 기초에 놓여 있다. "본질직관"에서 그에게 중요한 것은, "절대정신"이 세계를 창조했을 때, 그

리라는 전제 아래 과거의 추세선(趨勢線)을 연장해 미래 일정 시점에서의 상황을 예측하고자 하는 미래예측 기법을 말한다. 비유적으로 '미지(未知)의 사항'을 '기지(旣知)의 사항'에 의거하여 추정함으로 뜻한다.

가 떠올릴 수도 있는 것과 같은 세계의 선험적 구조들(apriorische Strukturen)의 인식이다. 후설이 『이념들 1』에서 환원에는 신의 초월성(die Transzendenz Gottes)이 "배제"되며, 신이 절대적으로 완전한 인식의 주체로서 사물들을 인간과 다르게 볼 수 없을 것(Hua III/I, 89 und passim도처에)이라고 강조하는 것은 우연이 아니다.[8] 인간의 의식과 신의 의식의 일치를 향한 철학의 동경이 바로 후설이 초월적 환원을 통해 충족시키려는 것이다. 비록 그가 모든 우연성의 배제는 하나의 유일한 의지행위에 의해 도달될 수 없다는 것, 그래서 항상 새로운 환원의 계열이 필요하다는 점에 대해 분명히 알고 있었지만 경험의 절대적 시초에 도달할 수 있다는 그의 신념은 꺾이지 않고 지탱된다. 그러나 거기에서 표현되는 이성의 자기신뢰는 점차, 언어가 지향적 의식을 자기 자신에서와 마찬가지로 사태로부터 분리시킨다는 동시대에 언어비판(분석철학)(Fritz Mauthner, 1849-1923)에 의해 획득된 통찰에 의해 동요하게 된다. 어떠한 환원도 시초의 상실된 순결성을 다시 가져올 수 없다. 그리하여 후설의 환원이론은 초월적 현상학을 재현의 미학적이며 상징적인 형식으로 개방하는 데 방해가 되는 도달 불가능한 직접성을 고정시키는 결과를 초래한다.

---

8 역주: 에드문트 후설, 『순수현상학과 현상학적 철학의 이념들 1』(이종훈 옮김), 한길사, 2009, 197쪽 참조. §58. "신의 초재(超在)는 배제된다."

4. 정서적(情緒的) 삶의 현상학

출발점으로서의 데카르트의 코기토(*Cogito*)와 대상적 인식에의 제한은 후설에게서 지향적 의식의 주의주의(主意主義)적 배경이 전혀 드러나지 않도록 만든다. 이런 측면은 『연보』에 기고한 셸러의 글에 의해 바뀌게 된다. 이 글에는 1916년에 완성된 『윤리학에서 형식주의와 실질적 가치윤리학』의 1장이 실려 있다. 가치윤리학은 후설이 소홀히 했던 영역에 대한 현상학적 방법의 적용 이상의 것이다. 셸러 자신이 다음과 같은 확신에 가치를 부여했다: "가치현상학과 정서적 삶의 현상학은 완전히 자립적인, 논리학으로부터 독립적인 대상영역 또는 연구영역이라고 간주되어야만 한다."(『윤리학에서 형식주의와 실질적 가치윤리학』, 83쪽)[1] 이 명제는 사실에 완전히 적중하지는 않는다. 이는 자립성이 논리학으로부터의 독립성보다는 정서적 사고와 사회적 상태들의 영역으로 논리학을 확장하는 데 있기 때문이다.

---

1 역주: 막스 셸러, 『윤리학에 있어서 형식주의와 실질적 가치 윤리학』(이을상/금교영 옮김), 서광사, 1998, 105쪽.

제2차 세계대전까지 많이 주목받았던 셸러의 가치철학은 브렌타노(F. Brentano)에 접목되는데, 그의 가치론(Axiologie)이 후설에 의해 수용되었다. 후설은 『논리연구』 제1권에서 규범적 판단에 대한 상세한 분석에 의거해 모든 규범적 판단은 "좋은"과 "나쁜"에 대한 유명적(唯名的) 정의를 넘어서는 보편적 "가치태도"(Werthaltung)를 전제한다는 결론에 도달한다. "가치태도"는 그에 대한 보편타당한 근거지음이 존재하지 않는 생활형식으로 이해할 수 있다. 그리하여 "모든 규범적 학문분과는 일종의 비규범적 진리의 인식을 요구한다. 그러나 이 학문분과는 이 진리를 일종의 이론적 학문들로부터 수용한다(...)" (『논리연구』, I, 49). 후설은 그의 "순수논리학"을 통해 규범논리학의 기초에 놓인 이론적 과학을 창출했다. 셸러는 "정서적 삶의 현상학"을 통해 규범 윤리의 기초에 놓인 이론적 과학을 공격했다.

셸러는 후설의 『논리연구』에서 강조된 논리학의 주관적 측면을 후설과 다르게 표현했다. 비록 셸러가 "의식의 작용들(Akte)"에 대해 말하지만 이것을 지향적 종합의 도식으로 가져가지 않는다. 그는 신칸트학파의 "산출하는 오성활동의 신화론"(Mythologie der erzeugenden Verstandestätigkeit)에 대항한다. 그 이유는 그에게는 다음의 사실이 타당하기 때문이다: "본질성과 마찬가지로 본질성 사이의 연관들도 '오성'에 의해 생겨나거나 '산출되는' 것이 아니라, '주어지는' 것이며, 이러한 연관들은 '만들어지는' 것이 아니라 간취되는 것이다."(『윤리학에서 형식주의와 실질적 가치윤리학』, 85 f.)[2] 이에 상응하게 셸러는 구성개념을 동기가 문제시 되는 곳에서도 회피한다. 그런 면에서

2 역주: 막스 셸러, 『윤리학에 있어서 형식주의와 실질적 가치 윤리학』(이을상/금교영 옮김), 서광사, 1998, 109쪽.

그의 가치윤리학을 후설의 『이념』과 나란히 현상학의 관념론적 단계에서 독립적이며, 실제로 아마도 가장 중요한 업적으로 평가하는 충분한 이유들이 존재한다.

4.1. 가치론의 신(新)관념론적 유래

셀러의 독립성은 그가 학창시절을 철학사에서 거의 관심을 끌지 못하는 철학자 오이켄(R. Eucken, 1846–1926) 곁에서 보냈다는 사실에 의해 해명된다. 그는 의심할 나위 없이 빌헬름 황제 시대의 가장 중요한 문화철학자였다. 그의 생철학적으로 정향된 작품은 전공철학의 탄탄한 토대를 보유하고 있다. 이 작품으로 그는 노벨문학상을 수상했다. 1885년 발간된 『정신생활의 통일성 연구에 대한 서설』(*Prolegomena zu Forschungen über die Einheit des Geisteslebens*)은 실증주의와 칸트주의 사이의 인식문제를 새롭게 정식화하려는 시도이다. 그는 "토대적 사유방법"(noologische Methode)[3]을 통해 의의들(Bedeutungen)을 심리학주의적으로 환원시키는 것에 대항했다. 그는 의의들을 칸트주의자처럼 순수한 사고형식으로 환원시키는 것이 아니라, 그것을 감각적 경험의 자료를 파악하고 해석하는 특별히 인간적인 방식에서 찾는다. 오이켄도 인간의 파악 방식을 사물과 사태를 순수한 소여로서의 그 실용적 맥락과는 독립적으로 고찰하는 능력에서 인식한다. 그는 이 실행업적(Leistung)을 정신에게 부여하며, 이와 동시에 그를

3 역주: 'noology'는 "우리의 모든 사유의 이면에 자리하고 있는 사유하는 방법에 대한 사유"를 칭한다.

신관념론의 대표자로 인식하게끔 해준다. 이미 이러한 의미해석은 오이켄의 『서설』이 전적으로 후설의 『서설』(*Prolegomena*)과 비교가능하다는 것을 암시한다. 그래서 1916년 후설이 오이켄의 세계관적 철학을 "순수한 학문적 관계에서도" 긍정적으로 평가하고 그의 "정신생활의 철학"을 현상학과 같은 수준에 놓는 것은 학술적 예의(禮儀) 이상이었다는 것을 시사한다.

오이켄의 신(新)관념론적 정신철학을 셸러는 그의 교수자격논문 『초월적 방법과 심리학적 방법』(1900)에서 개념적으로 계속 해명했다. 여기에서 후설의 『논리연구』에 연결되는 방향도 결정되었지만, 그러나 셸러가 지향적 의식의 개념을 계속 전개하는 다른 방향도 확정되었다. 그는 정신개념을 통해 새로운 논리적 영역을 개척했다. 이것이 이른바 의의형성과 가치형성의 장소로서의 감정의 영역이다. 또한 셸러는 "의식"보다도 더 자주 사용하는 인격개념을 통해 후설이 의식류에서 자아의 역할에 가졌던 어려움을 극복했다.

4.2. 정서적인 것의 선험주의(Apriorismus)

현상학의 범위 안에서 셸러에 대한 평가는 그의 직관주의가 종교적 교의(教義)로 발전했다는 어려움을 극복해야만 한다. 이 교의에 대한 평가는 학문적 규준에서 벗어난다. 그리하여 셸러는 본질성에 대한 직접적 관조의 원용에서 오로지 비합리주의와 이성의 파괴만을 인식하려는 해석자들을 위한 속죄양(Prügelknabe)이라고 함이 적절하다. 후설 현상학의 추종자들조차 셸러를 오히려 소극적으로 평가한다. 그러나 동시에 사람들은 너무 경솔한 태도를 취한다. 왜냐하면 모든 지성적

무절제에도 불구하고 셸러의 정서적 선험주의는, 오늘날의 "감정 철학"이 점차 다시 몰두하는, 통찰들을 포함하고 있기 때문이다. 플라톤 철학으로 환원하려는 언어(platonisierende Sprache)에서 벗어나게 되면 셸러가 어떻게 주관적 상태에서 보편적으로 구속력 있는 타당성 요구가 생겨나는지를 "아래로부터" 재구성하고자 했는지 분명히 드러난다. 그런 면에서 우리는 셸러가 후설처럼 전체 생애를 통해 무한한 것을 유한한 것과 결합하는 인간의 현실을 탐구했다고 말할 수 있다.

셸러가 전개하는 정서적 삶의 현상학은 체험들이 내적인 보편타당성의 성격을 가진다는 후설의 근본 전제를 공유한다. 후설에게 그것은 이론적 의의들이며, 셸러에게는 정신적 수치와 사랑같은 도덕적 감정이다. 이때 그는 비대상적 감정 혹은 [단순한] 감정상태와 "지향적 감지"(Empfindung)를 구분한다. 동시에 그는 욕정적(affektiv) 감지와 재현적(repräsentativ) 감지에 대한 베르그송의 구별을 수용한다. 감정의 지향성과 더불어 의미하는 것은 예를 들면 어떻게 인간이 고통을 참고 견디는 것처럼 자신의 감각을 다루는가 하는 방식이다.(『윤리학에서 형식주의와 실질적 가치윤리학』, 259쪽 아래).[4] 셸러에게 감정은 순수하게 욕정적인 것이 아니라 인식적 계기를 획득한다. 그에 따르면 지각과 마찬가지로 느낌은 직접적으로 객관적 사태와 관계하고, 논리학과 수학의 법칙처럼 그렇게 명백하고 보편타당한 법칙에 기인한다. 비록 셸러가 그의 저서 『동감 현상학과 사랑과 증오에 대하여』(*Zur Phänomenologie der Sympathiegefühl und von Liebe und on Haß*, 1913)(1923년 내용이 보충되고 바뀐 제목 『동감의 본질과 형식』We-

---

4 역주: 막스 셸러, 『윤리학에 있어서 형식주의와 실질적 가치 윤리학』(이을상/금교영 옮김), 서광사, 1998, 315쪽 아래 참조. 여기서 언급되는 베르그송은 셸러의 텍스트에서는 언급되지 않고 있다.

sen und Formen der Sympathie으로 출간)에서 거리를 통한 정서적 친밀감에 대한 인상 깊은 서술을 제공하지만, 이 객관화 과정에서 어떤 구조적 · 기능적 합법칙성이 작동하는지는 명확하지 않다.[5] 그리하여 셸러가 제시하는 정서적 삶의 현상학이 오늘날의 인지주의적 정서 이론에서 당연히 받아야 할 인정을 전혀 받지 못한다는 것은 새삼스러운 일이 아니다.

셸러가 감당해야 했던 어려움은 감정상태들이 하나의 이질적 연속체를 형성한다는 데 있다. 여기에서 감정상태들은 본질적으로 표상과 구분된다. 표상은 외적 감각을 통해 항상 이미 객관화되었으며, 하나의 동질적 연속체를 형성한다. 이러한 기초 위에서 후설에게 인상들, 예컨대 색의 음영(Farbabschattung)의 규칙화된 연속으로부터 객관적 대상을 구성하는 것은 용이한 일이다. 그에 반해 서로 마주하며 스며드는 감정의 특질들의 흐름으로부터 상수(常數)들의 형성을 재구성하는 것은 어렵다. 셸러에게 결여된 것은 심리학에서의 인지적 전회를 통해 비로소 전개된 자기 조직화(Selbstorganisation)를 위한 체계이론적 개념들이다. 그러나 그는 문제를 올바르게 인식했고 명백히 정식화했다: "그리고 우리의 정신생활에서 비논리적인 것의 지반에 있어서도, 모든 작용들과 기능들 간에 근원적이고 본질적인 서열의 구별이 있을 수 있는지(...), 그리고 순수 사고와 마찬가지로 우리 인간의 심신적 유기 작용에 결코 의존하지 않고 경험적 · 심리적 생활의 규칙으로 환원될 수 없는 근원적 법칙성을 갖고 있는 순수한 직관, 느낌, 순수한 사랑과 증오, 순수한 노력과 의욕이 존재할 수 있는지 (...)" (『윤리학에

---

5 역주: 막스. 셸러, 『동감의 본질과 형태들』(조정옥 옮김, 아카넷, 2006), 「역자서문」, 7쪽 참조. 'Sympathie'에 대한 번역어를 '공감' 대신 '동감'으로 선택하는 이유가 설명되고 있다.

서 형식주의와 실질적 가치윤리학』, 259쪽).[6] 그러므로 셸러에게 중요한 것은 정서적 삶에서도 플라톤주의와 심리학주의 사이의 길이 발견될 수 있는지 하는 물음이다.

4.3. 가치 느낌의 현상학

"근원적 합법칙성"에 예속되어 있는 지향적 느낌(Fühlen)의 대상은 셸러에게 "가치들"(Werte)이다. 근대철학에는 가치개념이 로체(R. H. Lotze, 1817–1881)에 의해 타당성(Geltung) 개념과 결합되어 도입되었다. 그에 따르면 가치들은 실제적 대상들이라는 존재론적 위상을 보유하지 않는다. 그렇다고 그것들이 단순한 주관적 표상인 것도 아니다. 셸러에 따르면 이 가치들은 객체성의 고유한 형식을 가지는데, 물론 이것은 매우 어렵게 규정될 수 있다. 가치들은 그것들이 인간의 요구와 희망에 대하여 '더 많은 가치'(Mehrwert)를 소유하고 있다는 점에서 재화(Güter)와 구별된다. 이 '더 많은 가치'는 주체에 의해 가치의 보존에 대한 요구로서 체험된다. 예를 들면 하나의 예술작품은 유지되고 보호되기를 원하는 하나의 좋음(Gut)이다. 거기에서 유지되도록 요구하는 것은 그 타당성의 질서와 합법칙성이다. 이것은 당연히 플라톤의 "이데아들"처럼 하늘에서 떨어지는 것이 아니라 인간적 생산성의 산물이다. 그러나 이것은 임의로 정립되는 것이 아니라, 우연

---

6 역주: 막스 셸러, 『윤리학에 있어서 형식주의와 실질적 가치 윤리학』(이을상/금교영 옮김), 서광사, 1998, 313쪽 참조. 이 번역에는 합법칙성(Gesetzmäßigkeit)이 '법칙성'으로 표기하고 있으며, "순수한 직관, 느낌, 순수한 사랑과 증오" 부분은 빠져 있다.

적인 것에서 본질적인 것이 서서히 벗어나는 것이다.

설령, 셸러가 도덕적 가치를 행복 추구로 환원시키는 공리주의를 논박한다 하더라도 그의 실질적 가치의 선험적 기반(Wert-Apriori)은 인간 상호간의 요구와 기대에 대한 관계 없이 지탱하기 어렵다. 의식작용들을 통해 감정이 가치로 성장한다. 이 작용들이 무정형의 질료를 지속적 형식들로 만든다. 그러니까 가치들은 형태화된 감정들이다. 그러나 도덕적 가치들은 사회적 조화가 감정에의 작업을 위한 척도로 선택될 때만 비로소 생겨난다. 그러므로 가치의 보편성은 궁극적으로 사회적 성격(Natur)인데, 이때 셸러는 분명히 공동체적 삶의 문화적 · 불변적 상수(kultur-invariante Konstante)로부터 출발한다. 첫 번째 위치를 차지하고 있는 것은 사랑이다. 이것은 온정과 참여를 포괄하는 사랑의 질서(*ordo amoris*)의 모든 형식으로서 인간의 탈중심적 위치에도 불구하고 그를 세계와 화해시킨다. 또한 후설의 논제들로부터 멀리 떨어져 있는 이러한 논점에 있어서도 셸러는 현상학자로 입증된다. 왜냐하면 그의 사랑 개념은 지각의 지향성에 대한 감정적 상관물이기 때문이다.

그 개방성을 통해 신칸트학파 리케르트(H. Rickert, 1863-1936)의 가치체계론(Wertsystematik)과 구별되는 가치론의 현상학적 독해는 지식사회학에 대한 셸러의 논문에서 입증된다. 자신의 저작인 『지식의 형태와 사회』[7](1926)에서 셸러는 실용주의에게 상대적 권리를 허용한다. 이는 실용주의가 세계의 해명을 노동을 통해 주제화하기 때문이다. "인식과 노동"이라는 연관성은 무엇보다도 가치인식에 적용된

---

7 역주: 막스 셸러, 『지식의 형태와 사회 1, 2』(정영도, 이을상 옮김), 한길사 2011. 여기서는 'Die Wissenformen'이 "지식의 형태"로 표기되어 있다.

다. 이 인식은 그의 직관주의적 어휘에 상반되게 셸러에 의해 감각과 욕구의 표현(Artikulation)으로 파악된다. 이 점에서 그의 가치이론은 교환가치를 평균적 노동시간을 통해 측정되는 노동의 추상적 형식으로 환원시키는 마르크스의 가치이론에 견줄 만하다. 정서적 삶의 현상학은 가치를 노동은 아니지만 "작용들"(Akte)에서 표현되는 "성과"(Leistung)로 파악한다. "작용들"은 구별함(Unterscheidungen)과 다른 것이 아니다. 이 구별함이 소여를 인간에게 정서적으로 "좋고"와 "나쁘고"로 분류한다.

이러한 도식에 의거하여 셸러는 차별화된 가치 위계질서를 다음의 규준에 따라 전개한다: 하나의 가치는 그것이 더 지속적이고, 덜 분해 가능하며, 다른 가치를 덜 전제하며, 더 깊은 만족으로 제공하고, 평가하는 사람의 체질에 덜 종속적일수록 더 높은 가치이다. 그러니까 이러한 구분의 규준은 형태의 밀도(die Dichte der Gestaltung)이다. 이것은 자신의 측면에서 다음의 서열을 형성하는 모든 종류의 가치에 해당한다: 편안함과 불편함의 가치들, 생명력의 가치들, 정신적 가치들, 마침내 사물들이나 개별행동이 아니라 단지 인격체들에게만 주어지는 신성함과 신성하지 않음의 종교적 가치들.

4.4. 칸트 윤리학에 대한 비판

셸러는 그의 실질적 가치윤리학을 그가 "형식주의"라고 비판하는 칸트의 의무윤리학에 대한 반대기획으로 이해한다. 비록 칸트가 도덕적 의무가 재화를 추구하는 노력에서 구성될 수 없다는 것은 올바르게 보았지만 당위에 대한 그의 논리적 논증은 구체적인 상황에 적합하지 않다고 한다. 도덕적 규범들은 가장 먼저 체감된 명증성(gefühlte Evidenz)을 소유하고 있는 가치를 통해 그 동기부여의 힘을 얻는다. 이 힘이 도덕적 규범들을 순수한 논리적 규범들로부터 구분한다. 규범과 가치사이의 구별은 현대 미국철학에서 새로운 현재성을 획득하고 있다. 여기서는 단지 퍼트남(H. Putnam, 1926–)을 언급하는데, 그는 가치개념을 칸트에 정향하고 있는 하버마스의 담론윤리에 대항하여 강화했다.

셸러에 따르면 정서적 가치경험은 당위의 경험에 선행한다. 그것은 자연주의적 오류추리인 것 같지만 그렇지 않다. 셸러는 당위를 존재로부터 추론하지 않는다. 그 자신도 도덕적 의무가 인간의 실제적 태도로부터 "밖으로 집어내게"(herausklauben) 하지 않는다고 명백히 강조한다. 당위는 오히려 의욕의 변형으로부터 생겨난다. 여기서 중요한 것은 자유 의지가 아니라 정서적 삶에서 표현을 창출하는 삶의 충동(Lebensdrng)이다. 비록 셸러가 자신의 『윤리학에서 형식주의와 실질적 가치윤리학』에서 쇼펜하우어를 부수적으로 인용하지만 그가 가치의식을 위해 쇼펜하우어의 삶에의 의지에 대한 학설에 접목한다는 것은 오인할 수 없을 만큼 명백한 사실이다. 나중에 이 연관성은 이른바 그가 인간에게서 "충동"(Drang)과 "정신"(Geist)을 대립시키고 단지 전자에게만 동기부여의 힘을 허용하는 곳에서 명백해진다.

4.5. 가치와 인격

객관화하는 가치감정의 주체는 셸러에게 논리적 통각("Ich denke")이 아니라 인격이다. 셸러는 인격개념의 세밀한 분석을 제공한다. 이 분석은 최근의 논의가 보여주는 개념적인 날카로움에는 근접하지 못하지만 내용적으로는 분석철학의 시도보다 더 풍부하다. 셸러에게 "인격"은 원리적으로 "대상들"과 구별된다. 쇼펜하우어에 따라 인식 주체는 결코 객체가 될 수 없는 것과 같이 셸러에 따르면 인격은 결코 대상이 될 수 없다. 그러나 이것이 인격에 구체성이 결여되어 있다는 것을 의미하지 않는다. 인격은 신체성(Leiblichkeit) 없이는 사고될 수 없고, 따라서 그 삶에의 의지를 통해 상황과 환경세계에 밀접하게 결합되어 있다. 인격을 그로부터 구별하는 것을 셸러는 체계이론적으로 감정들의 "집적"(Sammlung)과 "응축"(Verdichtung)으로 서술한다. 이것은 후설이 극복하려 노력했던, 일반개념들을 지각의 묶음으로 해석하는 경험론의 표상이론처럼 들린다. 그에 반해 셸러에게는 무아경으로 고양하게 하는 삶의 감정에 집중하는 과정이 중요하다.

셸러는 인격과 가치를 동근원적으로 고찰한다. 가치들은 분리되고 자유롭게 결합가능한 요소의 성격을 가지는 것이 아니라 전체론적으로(holistisch) 인격의 전기(傳記, Lebensgeschichte)와 결합되어 있다. 그래서 나중에 사르트르는 "가치"를 셸러에 연결해서 "대자 존재"와 "공동 실체적인"(konsubstantiell) 것으로 파악했다(SN. 149). 항상 인격존재에는 이미 사회가 함축되어 있으며, 심지어 셸러는 "전체 인격"(Gesamtperson)이라는 개념도 형성했다. 이 개념 안에서 허용되지 않는 의인화(Personifizierung)를 보지 않으려면 이 표현을 윤리적 보편주의를 위한 은유로 해석해야 한다. 인격주의는 "인격들의 인격"으로서의 신의 개념에서 최고로 고양된다. 여기서 현상학적 윤리는 내재성의 입장을 넘어서는 종교철학으로 이행한다. 그러나 모든 사변에도 불구하고 셸러의 심리학적이며 사회학적 분석들은 사회학적 실증주의를 극복하고 인간에 관한 새로운 학문의 길을 준비하는 이해적 지식사회학을 위한 풍부한 자료를 포함하고 있다.

4.6. 철학적 인간학

예전의 서술에서는 하르트만(N. Hartmann, 1882-1950)을 셸러와 함께 현상학적으로 기초를 세운 윤리학의 두 번째 대표자로 부르는 것이 일반적이었다. 신칸트주의자 나트롭(P. Natrop)의 후임인 하르트만은 마르부르크에서 하이데거와 만났으며, 셸러와 밀접한 관계를 유지했다. 그는 현상학을 그의 『인식 형이상학 개요』(*Grundzüge einer Metaphysik der Erkenntnis*, 1921)의 구성도식으로 활용했다. 이 형이상학은 초월적 실재론의 유형으로 이해된다. 하르트만은 그의 윤리학에서도 표현되는 현실 개념의 실재론적 방향성(Ausrichtung)을, 비록 바로 여기에 다시 활성화되기를 기다리는 현상학적 잠재성이 놓여 있음에도 불구하고, 거의 완전히 잊혀지도록 만들고 말았다.

존재론으로 향하는 대신 정서적 삶의 현상학은 하르트만을 지나 셸러의 『우주에서의 인간의 지위』(1927)에서 그 고전(Klassiker)을 발견했던 "철학적 인간학"으로 계속 발전했다. 『윤리학에서 형식주의와 실질적 가치윤리학』에서 셸러는 아직 현상학적 환원을 적용하지 않았다. 그는 나중에야 비로소 이 환원을 다루었으며, 그것을 후설과는 다르게 해석했다. 후설이 환원을 초월적 의식의 영역에 다가가기 위한 현상학적 분석의 수단(Kunstgriff)으로 묘사하는 반면, 셸러는 환원에서 인간이 동물보다 미리 가지고 있는 이론적 태도의 정상적 전제를 인식한다. 동물들이 그들의 본능에 의해 환경세계에 확고히 고착되어 있는 반면, 인간은 충동의 목표(Triebzielen)로부터 거리를 둘 수 있는

"세계 개방적" 존재이다. 그리하여 셸러는 후설이 환원을 통해 의도하는 태도변경을 적절히 묘사하는지에 대해 회의를 품는다. 셸러는 그것이 존재판단들(Existenzurteilen)과 아무런 관계도 없었을 것이라고 강조하다. 오히려 환경세계의 속박에서 탈피할 경우 중요한 것은, 단지 사물들에서만 형식을 지각하게 되는 상태에 도달하기 위해 삶의 충동을 배제하는 것이다: "왜냐하면 모든 현실은 이미 현실이기 때문에, 현실이 무엇인가에 전혀 상관없이 모든 생명체에 대해서 무엇보다도 억제를 하고 억압을 하는 압박이기 때문이며 또 어떤 대상도 가지고 있지 않은 채로 '순수한' 불안이 자신의 상관자이기 때문이다."(『우주에서의 인간의 지위』, 54)[8] 그런 이유로 금욕의 기술을 통해 도달하는 것은 미적인 상태이다. 이것을 세기의 전환기에 예술학이 "미적 부정"(ästhetische Negation)(Th. Lipps)이라 불렀다. 이 부정은 미적 대상뿐만 아니라 주체 자체의 비현실화(Irrealisierung)로 이끈다고 한다. 그러나 "세계와 주체의 발전의 기술(技術)"은 셸러에게 더 이상 초월적 현상학의 비결이 아니라 인간 현존재 일반의 정상상태이다.

셸러는 그가 어떻게 해서 이런 관점에 도달하게 되었는지를 단순한 유기체에서 인간에 이르는 생명의 발전사의 형식에서 서술한다. 동시대의 진화생물학에 기대어 셸러는 감정의 충동(Gefühlsdrang)에서 본능과 연상적 기억을 거쳐 실천적 지성까지 전개되는 생명체의 네 가지 단계를 구분한다. 단지 인간만이 이 단계를 넘어선다. 셸러는 이것을 프로이트와 함께 "승화"(Sublimierung)라고 부른다. 여기에서 셸러는 충동에서 정신으로 상승하는 질적 비약을 인식한다. 이것은 형이상학적 이원론처럼 들리지만, 자세히 고찰해보면 실질적 요소들(Re-

---

8 역주: 막스 셸러, 『우주에서의 인간의 지위』(진교훈 옮김), 아카넷, 2001, 92쪽.

alfaktoren)과 이상적 요소들(Idealfaktoren)의 상호작용의 형식으로서 정체가 드러난다. 정신이 비록 세속적 동기들에서 벗어나지만, 그 자체로 취하면 무력하다. 비로소 그가 다시 이기주의적 힘들을 수반할 때만 방향설정적 실천의 기능을 획득한다. 오래된 형상으로 명확히 하면 다음과 같이 묘사된다: 정신은 마치 맥 빠진 사람(Lahmer)처럼 맹인의 어깨에 걸터앉아 있다.

셸러에 따르면 정신과 충동이 만나는 매체는 상상력이다. 이것은 '저항으로서의 현실' 이 '장려(Föderung)로서의 현실' 이 되는 장소이다. 이 장려가 "거부하는 존재"(Nein-Sager)로서 인간을 그의 동물적 현존너머로 고양시킨다. 그것으로 셸러는 여러 번 오해를 받은 후설의 '상상력이 현상학의 고유한 작업영역이다' 라는 진술에 대한 인간학적 증명을 제공한다. 상상력이 이 영역에 속하는 이유는 의식이 충동적 "상상력의 과잉"에 의거하여 공상적 상태로 입증되기 때문이다. 이 점에서 자신의 주저 『인간』(*Der Mensch*, 1940/1950)에서 상상력을 "기초적인 사회적 기관"(elementares Sozialorgan)으로 묘사한 아놀드 겔렌(A. Gehlen)의 인간학과 명백히 수렴된다. 이 기관이 "결핍존재"인 인간에게 동물적 환경세계를 벗어나 문화생활을 가능하게 한다.

관념론이 "정신적인 것"(das Geistige)이란 개념과 결합했던 인간의 모든 문화적 업적은 그것과 함께 도덕적 가치들의 이념성도 환원될 수도 있는 상상력 과잉의 재현 혹은 실현의 위상을 획득한다. 그러나 이것을 바힝거(H. Vahinger)가 제시하는 『반사실적 관점(Als-ob)의 철학』의 허구주의와 혼동해서는 안 된다.[9] 어떤 것을 가치로 파악하는

---

9 역주: 'Als-ob' 은 '~인 것처럼' 의 의미이므로 'Philosophie des Als-ob' 은 '반사실적 관점의 철학' 이라 번역할 수 있다.

것은 (어떤) 기만이 아니라 하나의 태도이다. 이 태도에서 인간은 자신의 행위를 자신을 격정적으로 자극하는 심상에 의해 유도되도록 허용한다. 『인식과 노동』(*Erkenntnis und Arebit*, 1926)에서 셸러는 지각에서 심상(Bilder)의 기능을 분석하고 현실의 심상, 특히 육체의 심상이 '초의식적 존재' (transbewußte Existenz)를 가진다는 결론에 도달한다. 이것은 가치에도 해당되며, 그리하여 상상력이 고유한 반성의 매체가 된다. "그러나 지각상상(Perzeptionsphantasie)뿐만 아니라 감정상상(Gefühlsphantasie)도 실제로 느끼지 않은 감정을 뒤섞을 수 없다. 이때 감정생활의 실제적인 흐름의 법칙이 아니라 의미법칙이 정당한 권리를 얻으면 얻을수록 감정상상은 더욱 풍요롭게 수행된다."(『인식과 노동』, 226)[10] 그러나 "감각법칙"은 그것에 의거해 정신이 비규정적 심상의 흐름을 분석하는 규칙이외의 다른 것이 아니다: "우리 지각 기능의 다발이 구체적 심상을 매우 다양한 관점에서 주관적 현상양식과 국면으로 분해하고 해석한다 할지라도, 이때 심상은 그 존재적 자기존립이라는 점에서 아무런 상처 없이 남겨져 있다. 최소한 기능이 심상을 창조하거나 산출한다."(『인식과 노동』, 140)[11] 초월적 주체의 생산적 종합을 거부함으로써 가치론의 문제는, 보편적인 타당성 요구들의 이념성이 동요하는 감정의 실재성으로부터 생겨나듯이, 자연주의적 해결책에 가까이 다가섰다. 셸러가 "현상학적 근원현상"으로 제시하는 가치의 선험적 기반(Wert-Apriori)은, 주관적인 것을 객관화하는 과정을 감정 표현(Gefühlsartikulation)의 규칙에 따라 재구성하

---

10 역주: 막스 셸러, 『지식의 형태와 사회』 제2권(정영도 · 이을상 옮김), 한길사, 2011, 246쪽 아래.

11 역주: 막스 셸러, 『지식의 형태와 사회』 제2권(정영도 · 이을상 옮김), 한길사, 2011, 161쪽 아래.

는 것이 성취되면, 바로 공허한 공식이기를 그친다. 지향적 느낌에 대한 그의 서술은 이에 대해 풍부한 자료를 제공해준다. 물론 이러한 자료들이 정서적 삶의 논리학으로 동화되는 것은 아직 이루어지지 않고 있다.

자신의 가치이론과 함께 셸러는 현상학적 의식을 주체-객체-문제성(Problematik)이라는 인식론적 틀에서 분리시켜 삶의 맥락에서 제시했다. 이 맥락은 인식의 "순수한 가능성들"을 삶의 충동이라는 순수하지 않은 현실에 종속시켰다. 비록 셸러는 관념론에서 출발했지만 이상적인 타당성 요구들이 단지 감각적 실현(Realisation)에서 유지될 수 있다는 점을 분명히 인식했다. 이와 동시에 그는 현실개념을 실행(Verwirklichung)의 문제로 이해했다. 이 실행은 충동과 정신이 공조(共助)하는 정도로 이루어진다. 단지 그렇게 정신적인 것은 단순한 사고가능성으로 그치는 것이 아니라 인간적 세계해명 자체의 본질적 구성요소가 된다. 여기서 하이데거가 셸러의 철학적 인간학을 다른 수단들을 통해 지속하며, "현존재"를 현상학적 반성의 아르키메데스적인 점으로 만드는 지점에 도달했다. 이것이 하이데거를 1920년대 말, 혜성같이 현상학적 운동의 새로운 선도적 인물로 부상하게 만들었다. 이 인물은 오늘날까지 학문세계를 넘어서 정신적 삶의 모든 영역에서 빛나고 있다.

5. 가능적 세계에서 '세계-내-존재'로

후설이 『이념들』을 출판한 이후 프라이부르크대학에서 ("고독"을 학술적 학교교육의 척도로 측정한다면) 고독한 사상가가 되었지만 그는 "현상학적 운동"이라는 이름을 얻게 되는 현상학의 개선과 확대발전을 도모했다. 운동의 "지도자"(Führer)는 후설의 새로운 조교인 하이데거(Martin Heidegger, 1889-1976)가 되었다. 하이데거는 일반 대중에게 가장 영향력이 있던 현상학의 대표자인 셸러를 대체했다. 후설이 "현상학은 나와 하이데거"라는 문장으로 표현할 정도로 공동의 출발이라고 양해했지만 두 사상가 사이에는 성격적으로나 세계관적으로 서로 화해될 수 없는 차이가 존재했다. 후설은 점점 더 교황(敎皇)으로, 하이데거는 반역적 신분상승자로 이해되었다. 직관대상으로서 유명한 재떨이와의 고행적인 교제에서 상징적으로 표현되는 후설의 신교도적 직업의식(Arbeitsethos)의 위치에 세속적 삶을 자신의 전체에서 포괄하는 하이데거의 가톨릭의 보편주의가 등장한다. 이것이 두 사상가 사이의 관계를 어렵게 만들었다.

후설을 추동하는 인식론적 물음은 다음과 같다: 어떻게 스스로 세계에서의 대상이 아닌 의식이 자기 자신을 벗어나, 그리고 사물들의 현실에 도달할 수 있느냐? 하이데거에게 실천적 삶에서의 의식은 항상 이미 사물들에 자리잡고 있다. 정상적 인간은 사물들과 친숙하며, 그것이 자신의 삶에 개입하는 한 그것의 실재성에 대해 어떤 의심도 없다. 이러한 새로운 출발점과 함께 하이데거는 자신의 현상학적 주저인 『존재와 시간』(1927)에서 주체가 어떻게 객체에 관계하는가라는 후설의 인식론적 물음을 여유있게 능가할 수 있었다. 그러나 그는 객체를 향한 주체의 방향을 역전시킴으로써 셸러의 윤리적 인격주의도 교체한다. 그의 실존개념은 결코 보이는 것처럼 '주체 중심적' 이지 않다. 오히려 하이데거는 실존을 세계가 인간에게 다가오고, 인간의 주의를 각성시키며 정서적 반작용을 야기하는 장소로서 파악한다. 하이데거의 결정적인 영향에 대한 평가가 아무리 항상 어떻게 답하느냐에 달려 있다고 하더라도 그의 결정적 영향은, 그에 의해 "존재론적"으로 묘사된, 새로운 물음의 지평을 개시한 점(Eröffnung)에 있다. 이 지평은 그의 시대에 정신적 전회로 받아들여졌으며, 오늘날에도 여전히 『존재와 시간』의 독자들을 사로잡는다.

인식론적 문제제기에서 방향을 전환함으로써 하이데거는 시대정신의 변화에 부응했다. 후설이 1차 세계대전 이전에 서술했던 "삶의 궁핍"은 더 이상 바이마르 공화국의 인간들을 움직이지 못했다. 이 공화국에서 중요한 것은 이론적인 확실성, 즉 과학적 진술의 타당성 요구였다. 그에 반해 아우구스티누스의 기독교적 인간학에서 출발하는 하이데거는 개인의 고독에 의해 불안하게 되었다. 새로운 정치적 구조와 기술적 성취와 더불어 전후 사회는 그에게 경험상실을 통해 특징지어졌다. 그와 동시에 맨 먼저 가능성에의 탐닉이 작별을 고했다: 유대교 종교철학자인 로젠바이크(F. Rosenweig, 1886–1929)는 "품격있는 인간은 존재하는 아흔 가지 가능성이 아니라 그 자신인 하나의 가능성에 의해 살아간다."는 이 단순한 문장으로 하이데거의 주저 『존재와 시간』의 이념정치적 경향을 파악했다.

5.1. 불안의 실존범주

하이데거는 실제적(reale) 실존과, 모든 것을 관통하는 삶의 감정으로서 불안을 결합시킨다. 그런데 이 불안은 반성을 통해 해소될 수 없다. 이 점에서 하이데거는 19세기 실존주의 사상가들, 특히 키르케고르, 뿐만 아니라 거의 주의를 끌지 못했지만 삶을 "고통"(Leiden)으로 정의하는 쇼펜하우어의 염세주의의 영향을 받았다. 이를 통해 실존철학적 방향성(Ausrichtung)은 궁극적으로 세계의 근거에 대한 형이상학의 이론적 물음으로 향한다. 쉴러(Friedrich v. Schiller, 1759–1805)와 함께 셸러가 "세속적인 것의 불안"이라 부르는 하이데거의 근본기분인 불안은 세계에서의 세계와 인간의 실존에 대해 어떤 근거도 없다는 사실을 나타낸 것이다. 그런 면에서 후설에서 하이데거로의 발걸음은 근거지음의 결핍을 인간의 자기이해로 일관성있게 번역한 것이다.

삶의 불안(Angst)은 하이데거에게 "염려"(Sorge)에서 소위 "실존범주", 즉 삶의 기초적 형식으로 구체화된다. 하이데거는 그의 실존범주들(Existenzialien)이 어떤 우연적인 정신적 기초를 서술하는 것이 아니라, 범주들의 영위된(gelebte) 등가물들로서 구체적인 '선험적 기반'(Apriori)의 위상을 보유한다고 단호하게 강조한다. 근심 없이 살아가는 사람 역시 염려에 의해 인도된다. 이런 의미에서 염려라는 실존범주는 자기보존의 자연주의적 기초(Radikal)를 넘어선다. 염려는 개인들이 자신의 행복을 추구하는 이기주의적 행위방식에서만 표현되는 것이 아니며, 더 이상 질서 있는 세계(Kosmos)로 경험되지 않는 세계 속으로의 "피투됨"(던져진 존재)이라는 모든 행위를 수반하는 감정이 문제가 된다.

이미 슈펭글러(O. Spengler, 1880-1936)가 큰 영향력을 발휘한 베스트셀러 『유럽의 몰락』(1919) 제1장에서 모든 "근원적 감정들"(Urgefühle)의 가장 창조적인 것으로 서술했던 세계 불안(Weltangst)은 바이마르 공화국의 위기시대에서 하이데거 현상학이 폭넓게 수용되는 데 결정적으로 작용했다. 독일 문화는 1차세계대전 이전에 여전히 많이 약속된 "안전"(Sekurität)을 상실했다. 종교 영역에서는 독일 교양시민계급에게 충격적인 경험이 소위 "변증법적 신학"의 저항을 초래했다. 이 신학은 철저히 하이데거가 후설 현상학을 실존철학적으로 개선하는 것에 상응하는 활동으로 이해될 수 있다. 이것은 왜 하이데거가 1927년 『존재와 시간』의 출간과 더불어 전격적으로 현상학의 대표자로서 셸러와 교체되었는지도 설명해준다. 셸러의 인격주의는 여전히 인간과 세계 그리고 신을 포괄하는 안전의 감정으로서 사랑에 기초하고 있다. 하이데거는 이러한 문화관념론적인 삶의 감정을 "비본래성", 즉 세계에 "예속되어"(verfallen) 있으며 자기 자신을 더 이상 이해하지 못하는 현존재 소외의 기초적 형식으로 폭로한다.

5.2. 인식문제에서 존재물음으로

『존재와 시간』이 급속도로 수용되는 과정에 결정적인 세계관의 차이는 그 철학적 근거를, 하이데거가 현상학을 처음부터 그리고 인식물음을 통한 우회로 없이 최종적이며 모든 것을 포괄하는 '현실에 대한 물음' 으로 이끌어 간다는 사실에서 확보한다. 고전적 형이상학은 이 물음을 관념론적 혹은 유물론적으로 답했다. 모든 것이 정신이거나 물질이다. 하이데거의 존재론은 존재의 어떠한 실질적 규정을 제공하지 않는다. 존재개념의 비규정성(Unbestimmtheit)은 많은 하이데거 추종자들을 시달리게 했던 개념의 신학적 실체화(Hypostasierung)와 신비화의 위험을 안고 있다. 그러나 이 비규정성이 현대적인 삶의 감정에 부합하는 절대자의 역동적 운용을 위한 공간을 창출한다는 장점도 제공하다.

후설 역시 현상학적 기초 위에 존재론을 전개했다. 그는 존재자의 보편적 구조를 밝혀내는 과제가 부여된 형식적 존재론과, 존재자(예를 들면 비유기적 혹은 유기적 자연)의 상이한 종류를 서술하는 과제를 가진 실질적 존재론 혹은 영역 존재론(regionale Ontologie)을 구별한다. 영역 존재론은 개별적 영역들이 어떤 현실성의 내용을 가지는지에 대한 정보를 제공해야만 한다. 왜냐하면 후설에 따르면 현실성은 고양될 수 있는 개념(ein steigerungsfähiger Begriff)이기 때문이다. 그에 반해 하이데거는 영역 존재론에 머무는 것이 아니라 최종적 존재를 찾는다. 상응하게 그는 『존재와 시간』을 "기초존재론"이라 부른다.

하이데거는 브렌타노(F. Brentano)에 의해 고무된 아리스토텔레스의 형이상학에 대한 연구를 통해 새로운 사고방향을 획득한다. 아리스토텔레스의 범주론은 하이데거의 사고를 현실에 대한 모든 판단을 지지하는 것의 총괄(개념)로서의 "존재"로 향하게 만든다. "존재"는 세계의 확실성을 의미하며, 하이데거에 의해 "현전"(現前, Anwesenheit)으로 불린, 현재의 경험은 그에게 기만으로부터 자유로운 인식에 대한 후설의 근심보다 더 중요했다. 우리는 이것을 근대합리론의 두 번째 극복이라 부를 수 있다. 그 첫 번째는 아직 지속적으로 영향력을 발휘하지 않지만, 이미 쇼펜하우어에 의해 성취된 극복이다. 칸트와 달리 쇼펜하우어의 관심은 표상으로서의 세계보다는, 오히려 삶의 충동으로서 자기의식에서 우위를 부여했던 의지로서의 세계에 향해 있다. 이러한 암시로 하이데거의 존재론이 쇼펜하우어의 의지의 형이상학으로 환원되어서는 안 된다. 그러나 정신사적으로는, 오늘날의 해석가들에 의해 기꺼이 인정되지 못하는, 친화성이 존재한다. 왜냐하면 이것은 하이데거가 두려워했던 생철학에 그를 가까이 가져가는 것이 되기 때문이다.

어느 시점까지 하이데거가 현상학자인가? 라는 자주 제기된 물음은 확실한 날짜를 진술하는 방식으로는 답해지지 않는다. 분명 그는 후설의 현상학을 변형했다. 그는 의식이론을 존재론으로 옮겨 놓았다. 그것은 구체성의 증가로 평가되고 폭넓은 독자들로부터 환영받았다. 그러나 후설처럼 하이데거도 "진정한 현실", 상대주의와 허무주의의 시대에도 남겨져 있던 유일한 '세계 내부의'(innerweltlich) 지반을 찾는 길에 있었다. 단지 그것을 향한 길에서 그들은 서로 달랐다. 후설이 강하게 로고스에 매달리는 반면, 하이데거는 인지과학이 오늘날 해명하려고 심혈을 기울이는 사고의 정서적 차원에 대해 열려 있었다.

5.3. 기초존재론과 변증법적 신학

정치적 참여에 실망한 이후(하이데거는 1933년 국가사회주의를 신봉했다가, 그 다음 거리를 두었다) 그의 사고는 종교적 배경이 명백히 드러나는 하나의 전환을 시도했다. 존재의 신비화는 1920년대의 변증법적 신학의 운명을 반영한다. 이 신학은 "온전한 타자"의 단순한 명명(命名)에만 머물 수 없었다. 이것을 시적 언어로 생생하게 묘사하는 것이 필요했다. 그리하여 시인 횔덜린(F. Hölderlin, 1770-1843)은 철학자에게 "존재사"의 구원자, 즉 예언자로 보인다. 시적인 것으로의 전회는 합리주의적으로 정향된 사상가에게는 하나의 전율(ein Gräuel)이었다: 규정되지 않은 개념들, 어원학적 단어놀이 등은 조롱의 대상이 되었다. 그럼에도 "하이데거류"(Heideggerrei)라는 지적과 함께 하이데거를 엄밀학으로서의 현상학에서 배제시키는 것은 너무 진부하다. 존재론주의에서 멀리 떨어진 사상가들에게 오늘날까지 실행되는 압도적 영향은 하이데거가 어느 정도까지 현상학의 이념을 긍정적으로 전개시켰는지에 대한 해명을 필요로 한다.

하이데거의 가장 중요한 기여가 이미 후설에게서 설계된 의식의 매체화를 강화했다는 점에 있다고 많은 것이 말해주고 있다. 이러한 해석은 존재론적으로 사유하는 철학자에게 형이상학의 배반으로 나타날 수도 있겠지만 하이데거가 니체로 전향한 사실에서 결정적인 증거를 찾을 수 있다. 하이데거가 니체에서 열광한 것은 그의 "현존재와 세계의 미학적 정당화"이다. 쇼펜하우어 추종자인 니체에게 표상으로서의 세계는 자립적인 것이 아니다. 세계는 자신의 근거를, 니체가 예술가의 조형력에 대한 유비(Analogie zur bildenden Kraft)에서 구상한, "진정으로 존재하는 자"(Wahrhaft-Seienden) 혹은 "근원적 일자"(Ur-Einen)로서의 비인격적 의지에서 취한다.[1] 그러나 이와 동시에 초월적 관념론의 주체는 자신의 자율성을 박탈당한다. 인간의 주체성은 『비극의 탄생』에서 매체의 위상을 획득하는데, "그 속에서 근원적

1 역주: F. 니체, 『비극의 탄생』(이진우 옮김), 책세상, 2005, 45쪽.

일자(Ur-eine)가 가상에서 자신의 구원을 축하한다."(KSA 1, 47)[2]

이러한 배경에서 『존재와 시간』의 근본개념들, "존재자", "존재" 그리고 "현존재"가 서로 마주하고 있는 관계가 새롭게 조명을 받게 된다. 이 세 개념들은 후설이 인식과정에 끌어들인 "인식체험", "인식의미"(의의) 그리고 "인식객체"(대상)로 삼분화(三分化)한 것에 대한 다른 표현(번역)으로 읽을 수 있다. 객체에는 존재자가, 의미(Sinn) 혹은 의의(意義, Bedeutung)에는 존재, 그리고 체험에는 현존재가 상응한다. 이러한 번역을 통해 후설에게서 의식에서 대상으로 나아가는 지향성의 방향이 변경된다. 반면 하이데거는 대상의 측면에 주체의 처분가능성에서 벗어나는 고유한 삶을 부여한다.

5.4. "존재자"로서의 현실

후설과 달리 하이데거는 그가 "존재자"로 부르는 경험적 현실을 인식대상의 총괄(개념)로서가 아니라 실천적 삶의 영역으로 규정한다. 인간은 자신의 환경세계에서 사물들을 조우하는데, 이 사물들과 더불어 어떤 것을 시작할 수 있다. 하이데거는 이것을 인식대상으로서 단순히 "그 자리에 있는 것"(Vorhandenen)과 대립되는 "손안에 있음"(Zuhandenes)으로 부르다(『존재와 시간』, 69)[3]. 하이데거의 세계개념에

2 역주: F. 니체, 『비극의 탄생』(이진우 옮김), 책세상, 2005, 46쪽. 여기서 언급되는 것은 '개별화의 원리'의 신격화이다. 전체 문장은 다음과 같다: "이 개별화의 원리 속에서만 근원적 일자의 영원히 성취된 목표, 즉 가상을 통한 자신의 구원이 실행된다."

3 역주; 마르틴 하이데거, 『존재와 시간』(이기상 옮김), 까치, 1998, 102쪽. 'Zuhandenes'는 '무언가를 위한 것', '도구적 존재', '전재자'(前在者, (Vorhandenes)

서 중심적인 이 구별은 윅스퀼(J. v. Uexküll, 1864-1944)의 환경세계론에서 그 생물학적 선행자를 확인한다. 그는 인간 환경세계의 두 형식을 "인지세계"(Merkwelt)와 "작용세계"(Wirkwelt)로 서로 구별한다. 인간에게 사용하도록 요구하는 하이데거의 망치의 예는 후설이 시각 지각을 설명하기 위해 순수한 직관의 객체로 전용하는 재떨이와는 반대로 특정한 명성을 획득했다. "손안에 있음"은 단순한 사용과 작업의 결과만이 아니다. "손안에 있음"으로부터 다른 용도가 아니라 그 용도로 사용되도록 하는 특정한 요구(Appel)가 제기된다. 그런 이유로 '무엇으로서'(als was) 그리고 '무엇을 위해'(zu was) 어떤 것을 사용하거나 적용하는 것은 완전히 주체의 취향에 놓여 있는 것이 아니라 유용성을 통해 규정된다. 그것은 1920년대의 미학적 기능주의가 염두에 두는 것처럼, 형식과 기능의 통일이다.

단지 이러한 입장을 고려할 때 하이데거가 후설의 지각이론적 지향론[4]을 현사실성의 분석을 위해서는 불충분하다고 비난하며, 현상학적 환원을 더 이상 삶의 "근본 현실"(Grundwirklichkeit)로 다가가는 왕도로 고찰하지 않은 것도 일관성이 있다. 이에 상응하여 그가 『존재와 시간』의 「서론」에서 설명하는 현상개념도 변화한다. 이에 따라 현상들은(Phänomene) 의식의 직접적 소여라는 의미에서 현상들(Erscheinungen)이 아니라, 구체적 삶에서 "그 자체에서 지시함"(Sich-an-ihm-selbst-Zeigenden)의 현상들이다. 그러나 자주 반복되는 이 표현은 우리가 여기서 하이데거가 어떤 사태를 염두에 두고 있는지 알게 될 때 비로소 이해된다. 그에 대해 가장 먼저 눈에 띄는 것은 우리가

와 대비되는 '용재자'(用在者, Zuhandenes)로 번역되기도 한다.

4 역주: 'Intentionalismus', 'intentionalistisch'는 각각 '지향주의'(지향설), '지향주의적'(지향설적)으로 번역가능하나 여기서는 '지향론', '지향론적'으로 표기한다.

미적 현상이라고 부르는 것이다. 일상적 경험의 중립적 소여와는 달리 미적 현상들이 관찰자에게 다가온다. 그것은 어떤 다른 것에 대한 기호처럼 지시하는 것이 아니라 말하자면 자기 자신을 드러낸다. 이런 의미에서 "현상학의 현상들"은 일반적인 현상들과 구별되어 경험의 차원에 속한다. 이 차원은 하이데거에 따르면 단지 삶 자체의 의식적 실행에서만 접근된다. 그러한 것으로서 현상들은 지향적 의식의 종합적 행위로 환원되지 않으며, 어쩔 수 없는 것으로서 수동적으로 받아들이거나 능동적으로 영위되어야만 한다. 그것을 진부하게 표현하면 다음과 같다: 우리는 세계가 우리에게 가까이 다가오도록 해야만 하며, 그 현상들의 충만함에 있어 열려있어야 한다. 이것은 지향적 의식의 구성주의로부터 명백히 거리를 두는 (하나의) 태도이다.

하이데거의 "손안에 있음"(Zuhandenen)의 개념은 샤프(W. Schapp, 1884–1965)의 『역사들의 철학』(1959, *Philosophie der Geschichten*)에서 계속해서 전개되었지만 이 작업은 지금까지 거의 관심을 끌지 못했다. 하이데거의 "손안에 있음"(Zuhandenes)은 샤프에게 "무엇을 위한 사물"(Wozuding)로 다시 회귀한다. 여기서 그에게 실용주의적 시각이 더 강하게 강조된다는 것을 간파할 수 있다. 그것은 "존재사"(Seinsgeschichte)의 위치에, 그 안으로 사람들이 원하건 그렇지 않건 이미 연루된 역사들의 다수성이 등장하는 결과를 낳는다. "역사들"은 사건들뿐만 아니라 이야기(서사)를 대변한다. 이것은 하이데거의 『존재와 시간』보다 언어와 해석에 더 큰 의의를 부여하는 양면성을 뜻한다. 특히 절묘한 것은 샤프가 "세계–내–존재"를 "연루된 존재"(Verstricktsein)로 해석하는 점이다. 이 존재는 행위이론적 어휘의 지향론을 능가하며, 형식적으로 하이데거의 염려개념에 상응한다.

5.5. "존재"로서의 세계

하이데거의 현실(Wirklichkeit) 개념은 실용주의처럼 보이지만, 그것의 현실개념과는 구별된다. 중요한 차이는 하이데거가 "존재론적 차이"라고 부르는 것, 즉 존재자와 존재의 구별에 있다. 그것은 가상과 현실에 대한 우리의 일상적 구별을 떠올리게 하지만 오히려 고전적 형이상학의 의미에서 파악된다. 이 형이상학과 하이데거는 경험적 현실, 즉 그것의 우연성과 가변성에서 독립적이지 않는 것으로 간주된다는 "존재자"가 자기 자신을 담지하지 못한다는 점에서 의견이 일치한다. 존재자는 그것에 작용하는 힘의 술어들이 귀속되고 사고가 종속적인 "존재"를 통해 지탱된다. 존재는 "현전하고"(west an), "비추며"(lichtet sich), "추측되고"(mutet zu), "요구를 제기한다"(nimmt in Anspruch). 그런 이유로 하이데거의 존재개념은 중세의 형이상학에서 신에게 부여되었던, 그리고 후설의 논리학에서 "이념적인 본질성"(idealen Wesenheiten)으로서의 의의들(Bedeutungen)에 부합하는 위치를 차지한다.

하이데거는 존재를 진리와의 관계에서 정립한다. 그에게 존재와 진리는 정확히 일치한다. 이러한 발걸음은 하이데거 사고의 고유하며 혼동할 수 없는 특징을 형성하는 데 기여했다. 그와 동시에 그는, 논리적 규준들이 호언하는, 명제진리(Aussagenwahrheit)로서의 전통적 진리 이해에 반론을 제기한다. 존재와의 결속을 통해 현실과 진리의 구별은 사라지며, 또는 진리는 현실 자체의 특성이 된다. 이것은 우리가 예컨대 "진짜 금"을 "놋쇠"(Messing)와 구별하여 진짜의, 실제적 금의 의미에서 말한다면 "참"(wahr)이라는 단어의 일상적 사용에 부합한다. 이런 의미에서 진리는 하이데거에서 실존론적 중요성을 획득한다. 진리는 사람들이 그에 대해 생각하거나 말하는 것과는 독립적인, 즉 사물들이나 세계 자체에 부여되는 명증성을 대변한다. 이런 방식으로 진리는 근원성, 신빙성 등과 결합된다. 이것들은 인간들의 뜻에 달려 있지 않으며, 그 위에서 인간들이 세계와 교제를 신뢰할 수 있는 특성들이다.

존재 그 자체는 감각 경험(empirische Erfahrung)의 대상이 아니며, 그렇다고 단순한 사고물도 아니다. 여기서 칸트의 "물자체", 즉 그 비인간적 인식형식의 경계개념과 구별된다. 하이데거의 "존재"는 오히려 쇼펜하우어의 "의지", 즉 세계를 결합시키고 인간이 자신의 신체에서 충동으로 직접 경험하는 그 비차별적이며 근원적 힘에 견줄 만하다. 쇼펜하우어에게 세계의 원근거(Urgrund)로서의 의지는 출현하기 위해서는 표상에 종속적이다. 이러한 표본에 따라 하이데거가 존재와 존재자를 서로 관계시키는 방식도 재구성된다. 삶의 실제적 사물들은 단순히 우연적 요소일 뿐만 아니라 인간과 세계를 결합시키는 포괄적 힘의 표현이다. 우리가 이 사상을 신학적으로 의미해석하지 않으려면 우리는 상응하는 것으로서 짐멜(G. Simmel)이 제시하는 삶과 형식의 관계를 끌어올 수 있다. 그는 삶과 형식의 관계를 비극적 상호작용으로 재구성한다. 왜냐하면 삶은 형식 없이 성립할 수 없지만, 형식은 삶의 전개를 방해하기 때문이다.

존재에 대한 존재자의 관계, 즉 "존재관계"는 매체적 성격을 가지고 있다. 존재는 현상에 등장하기 위해 존재자를 필요로 한다. 이 모델에 따라 형식적으로 변화된 그리고 자주 오용되는 "존재의 의미"(Sinn von Sein)에 대한 표현이 이해된다. 하이데거는 존재가 무엇인지, 무슨 요소로 구성되는지 알려고 하지 않으며, 오히려 그는 인간이 어떻게 세계의 전체성에 마주하는지 묻는다. 여기서 개념의 비규정성(Unbestimmtheit)의 긍정적 측면이 나타난다. 하이데거는 존재의 독단적이고 실질적 규정을 제공하는 대신 그 현상방식에 대한 서술에 국한한다. 그에 따라 "존재의 의미"는 전체로서의 세계가 인간에게 세계 자체로 주어진 것으로서 명증하게 된다는 사실에 있다. 이와 함께 인간은 매체적 존재로서 역할을 수행한다. 단지 인간만이 그의 태도와 삶의 형식을 통해 세계지평이 나타나도록 도움을 줄 수 있다.

이것은 순간적으로 일어나는 것이 아니라 시간을 필요로 한다. 그리하여 존재와 시간의 결합이 이루어진다. 여기서 결정되지 않은 것은, 시간이 관념적으로 혹은 실재론적으로 해석되는지 여부이다. 비록 하이데거가 자신이 편집한 내적 시간의식에 대한 후설의 분석에 매달리지만 그러나 체험의 입장은 실재론적 시간이해를 배제하지 않는다. 관건이 되는 것은 고대와 중세의 형이상학을 지배하는 실체사고의 역동적 운용이다. 이 점에서 하이데거는 철저히 베르그송과 카시러까지 이어지는 동시대의 역동성과 기능주의라는 주류(主流, *mainstream*)와 교류한다.

5.6. "현존재"로서의 삶

존재와 존재자 사이의 상호 종속이라는 존재론적 드라마는 인간의 삶에서 일상적으로 나타난다. 하이데거는 인간의 삶을 "현존재"로서 묘사하고, 이것을 그에게 "그 존재함에서 이 존재함 자체가 문제가 되는"(『존재와 시간』, 12) 그러한 존재자로 특징짓는다.[5] 이것은 먼저 고

5 역주; 마르틴 하이데거, 『존재와 시간』(이기상 옮김), 까치, 1998, 28쪽.

전적 주체철학에서 자기반성이라고 불리는 것을 약간 장황하게 새롭게 서술한 것처럼 들린다. 그러나 분명히 차이가 존재한다. 자기반성은 정상적 의식과 구별되는 행위인 반면, 하이데거는 존재관계를 항구적 상태로 파악한다. 그리하여 "자신의 존재에서"라는 표현은 삶의 정상적 실행에서라는 의미이다. 이를 위해 하이데거는 실제로 "실존"(Existenz)이라는 표현도 사용한다. 이것은 하이데거를 후설과 명백히 구분하게 만든다. 후설에게 중요한 것은 의식의 존재방식이 아니라 인식의 객관적 실재성이다. 이것이 왜 많은 철학사에서 하이데거가 "실존철학"이라는 표제아래 다루어지는지를 해명해준다.

인간 현존재를 하이데거는 먼저 돌봄(Besorgung), 즉 자기염려의 일상적 의미에서, 그 다음 인간 삶의 본질적 특성으로 강조된 의미에서 "염려"(Sorge)로 규정한다. 그에게 실천적 삶은 항상 이미 그가 "해석적 이해"(auslegendes Verstehen)라고 부르는 인지적 차원을 지닌다. 이는 인간은 단지 그가 이해하는 세계에서만 살 수 있으며, 단지 그가 사는 세계만을 이해하기 때문이다. 물론 "존재의 진리", 즉 이해된 현실은 인간의 통일화(Normierung)와 상징화를 통해 은폐된다. 현실의 발견 혹은 하이데거가 표현하는 것처럼 존재의 "발견"은 단지 사물들과의 신중하고 배려있는 교제를 통해 성취된다. 실천적 태도에서야 비로소 사물들은, 단순하게 고찰하는 정신에게는 숨겨져 있는, 자신의 유의미성을 넘겨준다. 그로부터 진정성과 소외, "본래성"과 "퇴락"(Verfallenheit)이라는 이중적 관점이 생겨난다. 이 관점에서 하이데거는 "피투성"으로서의 모든 현존재의 실행들을 고찰한다. 그리고 이 관점이 그가 현상학을 실존철학적으로 개조할 때 중심적으로 작용한다.

5.7. 현사실성(Faktizität)의 해석학

실천적 삶의 실행에서 출발하는 하이데거의 현존재 분석은 현상학의 이념에 새로운 방향을 제시했다. 물론 이것은 철학적 실용주의가 아니라 딜타이(W. Dilthey, 1833–1911)의 철학적 해석학의 방향이다. 하이데거는 『존재와 시간』에서 "역사성"이라는 표어로 딜타이를 많이 연관시킨다. 철학적 해석학에서 사물들은 스스로 주어진 것이 아니라 항상 특정한 방식에서 이해되고 해석된다고 한다. 그것이 경험의 "무엇으로서-구조"(Als-Struktur)를 형성한다. 이와 동시에 언어가 역할을 수행한다. 그러나 하이데거는 소위 "서술적 ~으로서"(apophantisches Als)에 "실존론적 ~으로서"(existenzielles Als)를 선행시킨다. 이를 통해서 하이데거는 인간이 자신의 세계를 선(先)언어적으로 해명한다는 것을 명백히 하고자 했다: "발언과 그 구조, 즉 서술적 '으로서'(als)는 해석과 그 구조, 즉 해석학적 '으로서'(als)에 그리고 더 나아가서 이해에, 현존재의 열어 밝혀져 있음에 기초를 두고 있다."(『존재와 시간』, 223)[6] 언어는 실천적 교제의 작업을 단지 한 번 더 개념적 차원에서 정리할 따름이다. 게다가 언어의 이러한 평가는 언어놀이를 삶의 형식으로 환원시키는 비트겐슈타인으로부터 멀리 벗어나 있지 않다.

비록 하이데거의 해석학이 실용주의적 특성을 강하게 보여주지만 이 해석학은 실천을 탄생, 질병 그리고 죽음과 같은 삶의 불가피한 사건들에 대한 인간의 기본자세로 이해한다. 그것으로 그는 저물어가는 바이마르 공화국의 위기적 시대 분위기에 걸맞는 근본 태도를 표현했

6 역주: 마르틴 하이데거, 『존재와 시간』(이기상 옮김), 까치, 1998, 301쪽.

다. 이 태도를 위해 그는 강령적인 핵심개념의 수집품을 마련했다: "정상성"(Befindlichkeit), "피투성"(Geworfenheit), "결단"(Entschlossenheit), "죽음에의 존재"(Sein zum Tode) 등. 그의 세계 조망이 지속적으로 작용하는 이유는 그가 슈펭글러의 염세주의에 머물러 있지 않고 인간 조건(*conditio humana*)의 위협적 측면으로부터 인간의 자기주장을 위한 영웅적 의지를 이끌어내는 데 기인한다. 그리하여 하이데거는 딜타이로 되돌아감으로써 현상학적 서술로부터 세계-내-존재에 대한 해석학적 설명을 성공적으로 제시한다. 이 해석은 세계관 이상의 것이고자 하는데, 이것은 체험과 세계 불안을 "결단"을 통해 극복하려는 요구이다. 현존재를 위한 세계의 결단의 의미에서 "탈은폐"(Unverborgenheit, *A-letheia*)로서의 하이데거 진리개념을 이해할 수 있다. 이것은 하나의 형이상학적 구상인데, 이 구상은 당연히 논리적 의미론의 측면에서 강한 비판을 초래했다.

예를 들면 정신과 의사인 빈스방거(L. Binswanger, 1881-1966)가 하이데거의 실존론적 세계개념에 접목할 수 있었다. 그는 현사실성의 해석학을 정신분석적 처치를 위한 도구로 개발했다. 빈스방거의 실존론적 현상학의 정신치료부터 나아가는 폭넓은 작용은 전후 독일에서 하이데거를 수용할 때(Akzeptanz) 충분히 높이 평가되지 못했다. 그것은 또한 여전히 인본주의적 김나지움(Gymnasium)의 이상들에 집착했던 교양시민계급의 정신적 충격을 반영했던 것이다. 여기에서 하이데거의 철학과 시대정신과의 밀접한 관련성이 드러난다. 이 시대정신의 변화는 하이데거가 1950년대에 끼쳤던 폭넓은 영향력을 68혁명 이후 더 이상 발휘하지 못하게 만들었다.

물론 은밀한 방식으로 하이데거의 존재론적 진리개념이 계속 영향력을 발휘했으며, 그래서 그의 사고는 실제로 "궁핍한 시대"(K.

Löwith, 1897-1973)에서 항상 현존하고 있었다. 하나의 강한 영향력은 그의 저술 『예술작품의 근원』로부터 생겨난다. 이 저술은 하이데거의 가장 중요한 제자인 가다머(H.-G. Gadamer)가 1960년 레클람(Reclam) 문고판으로 편집한 것이다. 이 저술에서는 세계, 존재 그리고 진리와 같은 현존재의 술어들이 예술작품에 전용되었다. 하이데거에 따르면 예술은 모방하는 것이 아니라, 일상적 교제에서는 놓치게 되는 것을 현실에서 가시적으로 만든다. 이것이 바로 삶의 현실이 인간을 위해 보유하는 세속적 특성(Weltcharakter)이다. 여기에 예술작품을 현존재와 더불어 고유성의 형식으로 분류하는 "존재의 비춤"(Lichtung des Seins)으로서 진리가 놓여 있다. 가다머는 그의 해석학적 주저인 『진리와 방법』(1960)을 통해 가작성(Machbarkeit)에서 벗어난 "진리사건"으로 예술을 파악하는 하이데거의 이해에 접목했다.

5.8. 시간성과 무(無)

하이데거는 계획된 『존재와 시간』의 2권을 집필하지 않았다. 여기에는 주제와 연관된(sachlich) 이유와 마찬가지로 이념적 · 정치적 이유가 있다. 주제적으로 시간이 불연속적인 현재의 계기로 구성된다고 하는 주지주의의 시간개념이 베르그송의 지속개념과 내적 시간의식에 대한 후설의 강의를 통해 극복되었다. 후설이 수행한 분석의 결산에 따르면 체험된 시간은 바로 지나간, 마찬가지로 임박한 현재의 계기의 흐름으로부터 생겨난다. 이 현재의 계기들은 "파지"(把持, 과거지향, Retention) 혹은 "예지"(豫持, 미래지향, Protention)로 불리며, 재기억 그리고 더 멀리 떨어진 기대와 혼동되어서는 안 된다. 그러므로 연속성은 덧붙여 생각된 것이 아니며, 의식상태의 공속성은 직접적으로 현재적이다. 그래서 우리는 시간이 의식 안에 있는 것이 아니라 의식이 항상 시간 안에 있다고 말할 수 있다.

후설의 『내적 시간의식의 현상학에 대한 강의』(1905)를 1928년 『철학과 현상학적 탐구를 위한 연보』(*Jahrbuch*)에 게재했으며, 그리고 어디에 풍성한 발상들이 놓여 있는가에 대한 뛰어난 직감을 가졌던 하이데거는 이것과 관련해서 계속 작업하는 것을 거부했다. 비록 그가 후설의 서술들에게 미래의 강조를 통해 새로운 실존론적 중요성을 부여하지만, 어떻게 더 이상 거슬러 올라갈 수 없는 체험류의 연속성에 대한 그의 근원적 통찰이 극복될 수 있을지는 생각하기 어렵다. 그렇다고 한다면 국가사회주의에서 그를 이데올로기적으로 당혹케 할 수도 있었던 것, 즉 주제적으로 자신의 스승에게 밀접하게 결합하는 것을 하이데거가 피할 수는 없었을 것이다. 이 점에 대해 결정적인 것은 『존재와 시간』 이후에 시간문제 대신에 "존재론적 차이"에 대해 계속 작업하는 것을 선호했다는 점이다. 이것은 1929년 그의 프라이부르크 대학 취임강연으로 행한 『형이상학이란 무엇인가?』에서 행해졌다. 그는 헤겔 논리학의 한 명제, "순수한 존재와 순수한 무는 그러므로 같은 것이다"를 언급하면서 존재자의 존재가 자신의 근원을 무에서 가지며 현존재의 불안은 무의 "현전(성)" (Anwesenheit)의 표현이라는 것을 입증하려고 시도했다. 그런 종류의 형이상학적 구성을 통해 하이데거는 철학이 과학적 합리성에로 정향하는 것에 이의를 제기했다: "철학은 결코 학문이라는 이념의 척도로 측정될 수 없다."(『형이상학이란 무엇인가』, 41)[7] 이것은 취임강연에 참석했던 후설에게 하나의

7 역주: M. 하이데거, 『형이상학이란 무엇인가』(이기상 옮김), 서광사, 1994,

타격처럼 상처를 입혔을 것이다. 게다가 하이데거는 강의에서 언어를 사이비 시적(詩的)으로 농축하기 시작한다. 예를 들면 "무 자체가 무화한다"와 같은 진술들이 등장한다.

5.9. 하이데거의 사고유형에 대한 비판

하이데거의 부정 형이상학의 복권에 대항하여 날카로운 비판이 제기되었다는 것도 빠트릴 수 없다. 특히 루돌프 카르납(R. Carnap)은 1931년 학술지 『인식』에 발표한 논문 「언어의 논리적 분석을 통한 형이상학의 극복」에서 논리적 관점에 대한 하이데거의 취임강연을 사이비 명제들(Scheinsätze)의 집결이라고 폭로했다. 이 명제들은 그것의 외견상의 유의미성을 범주오류라고 말할 수 있는 "영역의 증가"(Sphärenvermengung)에 기대고 있다. 하이데거에게 범주오류를 확인하는 것으로 만족할 수 있을지는 1943년 스탈린그라드 전투가 벌어진 해에 발표된 취임강연에 대한 후기(後記)의 문장들을 읽게 되면 회의가 제기된다. 그 문장은 다음과 같다: "희생자는 모든 강요에서 벗어난 자들이다. 이는 자유의 심연으로부터 생겨난, 존재자를 위해 존재의 진리를 보존하려는 인간 존재의 소비(...)[이기 때문이다](『형이상학이란 무엇인가』, 49)[8]

하이데거는 『칸트와 형이상학의 문제』(1929)에서 칸트를 형이상학

107쪽.

8 역주: M. 하이데거, 『형이상학이란 무엇인가』(이기상 옮김), 서광사, 1994, 127쪽. "희생은, 존재자를 위해 존재의 진리를 지키려고 자유의 심연에서부터 생겨 나오는 것이기에 모든 강요에서 벗어난 인간 본질의 소비이다."

자로 해석하고 판단론(Urteilslehre)과 무관하게 존재물음을 제기한다. 왜냐하면 그는 판단에서 "진리의 죽음"을 추정하기 때문이다. 이에 대항하여 하이데거의 신칸트학파 스승인 리케르트(H. Rickert)는 진리와 현실의 구별을 상기시키고 기초존재론의 일원론에 반해 의미해석들(Deutungen)의 다원주의를 옹호함으로써 비판적 입장을 표명한다. 이 다원주의는 세계를 그 다양성에서 자신의 권리에 이르게 하는 입장이다: "대안들의 도움으로 전체성으로 파고드는 그러한 인식을 우리 역시 세계의 존재의 상이한 종류들이 문제가 되는 곳, 이른바 존재론에서 시도하게 된다."(*Kennen und Erkennen*, S. 155) 그런 연유로 하이데거의 해석은 인식론적으로 정향된 칸트 연구에서 거의 고려되지 못했다. 왜냐하면 이 해석은 칸트보다는 하이데거에 대해 더 많이 진술하기 때문이다.

하이데거는 그의 비판가들 중 누구에게도 감명을 받지 않았다. 여기에 분명 그의 사고의 강점이 있다. 방법론적이며 실제적인 의혹에도 불구하고 그에게 명성을 부여해준 것은 그의 후예들에게 물론, 존재론적 술어의 실체화로 귀착된 문체론적 고집으로의 나쁜 길로 빠지게 하였다. "비트겐슈타인의 '언어놀이'가 언어를 과학적 정밀성의 견지에서 불충분한 도구로 시험하는 반면, 하이데거의 집요한 진지함은 무용한 자기 대화로서의 언어 주위를 맴돈다. 왜냐하면 철학적 문제는 언어가 축제를 벌일 때 생겨나기 때문이다."(K. Löwith, 『하이데거. 궁핍한 시대의 사상가』(*Heidegger. Denker in dürftiger Zeit*), 1953, 42) 뢰비트의 이 흘려들을 수 없는 경고는 분명 모든 곳에서 경청되지는 않았다. 그리하여 "하이데거류"(Heideggerei)가 미국의 철학자들에게 특별히 독일적 정신병(Kopfkrankheit)으로 비난받는 것이 이해가 된다. 모든 타당한 비판에도 불구하고 하이데거식의 현상학에 정당하지 못한 것은 그 폭넓은 영향력을 단지 사이비종교적 언어물신주의의 증상으로만 고찰하는 것이다. 존재와 무의 변증법은 무를 형태심리학적으로 주제화되지 못한, 그 앞에서 모든 존재 정립이 생겨나는 배경으로 해석하면, 전적으로 재음미 가능한 의미를 얻게 한다. 인지과학적으로 시각을 가능하게 하는 보이지 않는 장소가 문제시된다면 실존론적으로는 인간을 권태(쇼펜하우어) 혹은 불안(키르케고르)으로 엄습하는 무근거성이 중요하다. 그런 이유에서 하이데거의 형이상학은 인간적 실존의 부정성에 "본래성"과 "결단"의 형식에서 긍정적 측면을 획득하려는 영웅적인 시도로서 해석된다.

5.10. 문명비판가로서의 하이데거

(아마도 스키타기의 "공중회전"(Schleife)을 윙거(E. Jünger)가 은유적으로 적용함으로써 형성된) "전회" 이후의 하이데거의 철학함은 분명히 하나의 보수적 문명비판의 형식을 취한다. 일반적인 이해에 따르면 하이데거 후기철학은 그가 "존재"를 자존적인 본질보다 더 강력하게 파악하는 것을 통해 규정된다. 그와 동시에 근원에 대한 물음이 전면에 등장하게 된다. 이를 통해 인간 현존재는 쇠약하게 되고, 현상에 등장하는 "탈은폐하는" 존재의 수동적인 매체로 강등된다(K.-H. Lembeck, 『현상학적 철학 입문』*Einführung in die phänomenologische Philosophie*, 119쪽 참조). 그의 자기이해에서 행위하는 주체의 자율성에 대한 신념이 투철한 현대적 인간은 여기서 전근대적인 운명의 믿음으로의 복귀를 인식한다. 하이데거는 2차 세계대전 이후 자신의 정치적 연루와, 그의 시적 사고의 점증하는 비합리주의적 경향 때문에

프랑크푸르트 사회과학연구소의 비판이론의 측면에서 집중적으로 비난받는다. 존재론주의에 대한 프랑크푸르트학파의 비판은 공감할 수 있지만, 역사의 아이러니는 특히 정치적으로 동기부여된 비판가들도 잠재의식적으로 하이데거가 과학을 "도구적 이성"으로 약화시킨 것에 의해 계속 영향을 받고 있다는 점에 있다. 그리고 1968년의 시대를 넘어서 타당한 것은 하이데거가 존재를 현존재의 근거로서 부각시키면 시킬수록 그는 인간 자체를 포함한 세계를 관통하는 매체화(Medialisierung)의 근대적 내지 탈근대적 삶의 현실을 정확히 포착하고 있다는 점이다.

세계의 매체화로 사고를 개방하는 것은 하이데거가 후기 사상에서 점점 더 강하게 언어로 방향을 전환한다는 사실에서 드러난다. 언어는 가다머가 자신의 스승의 현상학을 보편해석학적 철학으로 변형할 수 있었던 교량을 형성한다. 존재에서 언어로의 발전은 하이데거가 언어를 현대의 분석철학에서처럼 행위이론적으로 파악하지 않고 사건으로서 언어의 익명적 구조를 강조함으로써 가능하게 되었다. 이를 통해 언어는 마치 고유한, 인간적인 것과는 상이한 역사가 부여되는 존재에 대한 언어의 청각(Sprachohr)처럼 된다. 한번 이러한 존재론주의의 이데올로기적이며 정치적으로 위험한 관점들을 도외시한다면 하이데거는 세계해명의 매체로서의 언어가 남김 없이 언어행위에서 해체될 수 없다는 점에서 옳았다. 상대적 자립성의 체계로서 자연적 언어는 인간에게 세계해명을 위한 무의식적인 기본노선을 제공한다.

하이데거가 인식론적 근거지음의 담론을 거부함에도 '불구하고' 혹은 '바로 그 때문에' 그에게 형이상학적 혹은 존재론적 사고형식을 인간적 세계경험의 서술로 변형시키는 것이 가능했다. 이 서술은 지향적 의식이라는 후설의 모델보다도 현대적 삶의 실재성에 훨씬 더 밀착한다. 하이데거는 어떤 소박한 인간중심주의도 경의를 표하지 않았다. 오히려 그의 현존재 분석은, 주관적 관점의 위협적 현사실성을 현실과는 거리가 먼 관념론으로 도피하지 않고 인간을 위해 견딜 만하게 만들려고 노력했다. 그는 인간적인 세계-내-존재를 실용적으로 정향된 의의연관들로 파악했다. 이 연관들이 "존재의 의미"(Sinn von Sein)라는 공식에 의의(意義, Bedeutung)를 제공하는 상황의미론(Situationssemantik)의 기초를 형성한다. 상황의미론은 존재의 상이한 방식에 대한 기호(Bezeichnung)가 중요하다는 순수한 존재론적 해석을 넘어선다. "세계의 해석 가능성"에 대한 후설의 숙고는 하이데거의 "존재의 의미"에서 객관적 대응물을 가진다. 그 이유는 해석 가능성은 의미를 전제로 하며, 의미는 (거기에서) 자신이 발견될 수 있는 논리적 위치를 필요로 한다. 우리가 그의 의미개념을 "유의미성"(Bedeutsamkeit)으로 번역해도 아마 하이데거의 의도로부터 그렇게 멀리 벗어나지는 않을 것이다. 이것은 세계와 인간을 결합하는 해석 방식이다.

6. 자유의 현상학

“철학에서의 영구평화라는 후설의 꿈은 이상형(Wunschbild)으로, 그러나 한 번도 아름다운 이상형이 아니라, 심지어 이성(Ratio)에 반해 책임감을 위협하는 것으로 드러난다. 이 이성은 영원성, 연속성 그리고 공동체를 그럴싸하게 보이게 하는 모든 것에 대항하여 충분히 신뢰할 수 있다. 그러나 그 어떤 힘도 이 점에 있어서 언어보다도 더 심원한 것은 없다. 이 언어를 현상학은 너무 신뢰한다. 이는 바로 현상학이 일상적 지껄임으로 만족하지 못하고, 고유하며 충족된 근원적 의의들(Urbedeutungen)의 계몽으로부터 모든 구원을 기대하기 때문이다. 이 근원적 의의들은 사태들과 본질적으로 떨어질 수 없는 관계이다. 아직 하이데거에서처럼 자기 자신으로부터 가리키는 것(das Phainómenon)이 지시된 것(Legómenon), 즉 적중하여 말해진 것과 일치할 필요가 없다. 말하자면 사태들이 직접적으로 마주하고 있는 ‘사념들을 품은 표현’들의 자연적 일의성에 대한 후설의 믿음만으로도 이미 충분하다. 진리를 언어의 수중에 넘길 필요가 없다. 언어의 비폭력성과, 비록 항상 다시금 파묻는다고 해도, 근원성에 대한 신뢰가 이성의 자신감을 기만하기에 충분하다."

이러한 통찰력 있는 표현과 더불어 플레스너(1892–1985)는 현상학의 불안정한 상태를 서술했다.(H. Plessner, 「현상학. 에드문트 후설의 작품」, in: 『철학과 사회 사이에서』(*Zwischen Philosophie und Gesellschaft*), 65, 1938) 이 표현은 현상학이 프라이부르크라는 옥토와는 다른 옥토에 떨어지면 무엇이 될 수 있는지를 잘 이해시켜준다. 이 옥토는 프랑스, 더 정확히 알자스 지방(Elsass)이었으며, 여기서 사르트르(Jean–Paul Sartre, 1905–1980) 가족이 유래한다. 사르트르가 우연히 그의 유년사(幼年史)에 처음에는 이해할 수 없는 제목 『말』(Wörter)(1963)을 붙인 것이 아니다. 이것은 바로 플레스너가 현상학의 언어 믿음에 대한 회의와 더불어 언급한 근거에서 비롯된다. 그리하여 『말』은 사적인 것을 공개하는 자서전 이상의 것이다. 이것은 한 인간의 일견 일회적인 가족 운명에서 어떻게 전체 세기의 긴장들이 표출되는지를 알게 해주는 하나의 시대진단이다.

사르트르는 이러한 긴장을 회피하지 않았다. 원래부터 문학작품과 철학 사이에서 전개되는 그의 저술은 세계 신뢰가 사라지고, 실존의 임의성 혹은 우연성의 수중에 떨어진 한 인간의 상황을 서술한다. 그러니까 "실존주의"는 "우연성의 이론"으로 번역할 수도 있다. 그것으로 유명한 것이 자신의 철학적 소설 『구토』(1938)에서의 실존경험에 대한 사르트르의 묘사이다. 여기서 그것은 고독한 주체의 자연과의 직면이고, 나중에 그 강조점이 상호주관적 경험으로 옮겨간다. 특히 그의 희곡 『출구없음』(1945) 혹은 『알토나의 유폐자들』(1960)에서는 타자 혹은 자유의 위협으로서의 집단이 정체를 드러낸다. 이 자유를 개인은 단지 자신을 집단의 부분으로 이해할 때에만 보존할 수 있다. 이 근본경험은 후에 사르트르를 정치적 행동으로 인도하였다. 여기서 그는 마르크수주의에서 자신의 시대를 개념적으로 파악할 수 있는 철학을 보았다. 명백한 정치적 오판을 도외시한다면 우리는 그가 결코 교조주의적인 마르크스주의를 지지하지 않았다는 점을 참작해야만 한다. 그는 『마르크스주의와 실존주의』라는 작품에서 계급의식이라는 개념이 그 다중적 소외현상을 포함한 사회적 삶의 복잡성을 파악하는데 충분하지 않다는 것을 분명히 한다.

6.1. 존재에서 무(無)로

사르트르의 말에 의하면 그가 후설과 하이데거의 저술을 접하게 된 것은 1933/34년 베를린 프랑스 문화원에 체류할 당시였다. 그는 그의 사유에서 처음부터 하이데거의 세계-내-존재를 따른다. 이것은 자신의 주저 『존재와 무』(1943)의 제목에서도 증명된다. 이 책은 문체와 개념성에서 하이데거와 매우 공감하고 있음을 알게 해준다. 그리하여 미국의 독자에게 『존재와 무』가 "고유한 순수 독일적인 책"(그렇게 단토 Arthur C. Danto가 자신의 사르트르 단행본에서 말한다)으로 보이는 것은 그렇게 놀라운 일이 아니다. 무를 통해 시간을 대체하는 것은 인간 현존재의 절대적 불안정이라는 전쟁의 경험이 반영된 결과이다. 사르트르에게서 우리는 '부정의 존재론'에 대해 말할 수 있다. 하이데거가 우선 그 연속성에서 "존재의 의미"(Sinn von Sein)를 발견한다고 생각했던 시간을 사르트르는 인간을 삼키려고 위협하는 음침한 구렁텅이(schwarzes Loch)로 해명한다. 이 점에서 그는 까뮈(A. Camus, 1913-1960)의 부조리 사고와 일치한다. 까뮈와 함께 사르트르는 실존주의의 절정에서 종종 하나로(in einem Atemzug) 언급된다.

사르트르가 볼 때 하나의 사물은 완전히 그 자신인(즉자존재, An-sich-sein, *l'être-en-soi*) 그것인 반면, 하이데거의 현존재와 같은 인간의 존재방식은 자기관계를 통해 규정된다. 이 관계는 존재의 무근거성 혹은 사르트르가 표현하는 것처럼 "항구적인 존재 결함"(대자존재, Für-sich-sein, *l'être-pour-soi*)을 조정하는 것에서 성립한다. 끊임없이 존재를 동경하는 존재로서 인간을 규정할 때 사르트르는 그의 시대를 특징짓는 구토의 감정을 개별적 실존의 우연성과 고독에서 표현한다. 이 감정은 하이데거의 염려라는 실존범주보다 더 집중적으로 체험된다. 그리하여 하이데거의 실존철학에서 실존주의가 성립한다. 이 둘은, 세계를 개념적 범주화에 앞서 해명하는, 삶의 감정에 대한 진술들을 산출한다. 하이데거가 죽음의 기대를 존재로의 결단이라는 영웅주의의 대상으로 만들었듯이 사르트르는 우연성의 경험으로부터 폭동(Revolte)으로까지 고양된 삶의 의지를 강화시켰다. 하이데거는 인간학 혹은 심리학으로 자신의 존재론을 각색하여 재해석하는 것에 대해 격렬하게 저항했다. 그리고 사르트르에게도 유효한 것은 "본질이 현존을 뒤따른다"(*essentia sequitur existentia*)는 사실이다. 그리하여 실존이 피투성으로 절대적으로 정립된 것은 지적 운동, 부분적으로는 유행도 창출했다. 이 유행은 학술적 철학을 훨씬 넘어서, 하나의 전체 세대의 삶의 양식을 특징지었다.

사르트르는 실존을 정치적으로 항구적 참여에서 표출되는 선택의 근본적 자유로 정의함으로써 인간의 피투성에 대한 염세주의적 해석과 조우한다. 사르트르의 실존개념이 표방하는 행동주의(Aktivismus)는 문제가 없지 않으며, 폭넓은 이론적이며 정치적인 논쟁을 야기했다. 그러나 오인할 수 없는 것은 그가 참여를 통해 후설의 데카르트주의를 소급해서 이야기한다는 점이다. 사르트르가 얼마나 깊이 의식의 문제점에 파고들어 갔는지는 1948년 프랑스 철학회의 한 회합의 보고서가 증명한다. 이 보고서에서 그는 주체의 존재차원을 「의식과 자기인식」이라는 표제 아래 후설의 데카르트주의와 논쟁을 벌이면서 진술한다. 심지어 전문 철학자들에게도 난해하게 이해되는 대단히 추상적인 이 텍스트는 현상학적 의식이론의 문제점을 해명하려는 시도로서 해석될 수 있다. 사르트르는 후설과 함께 지향성에 확고히 머물지만, 그러나 초월적 해석에서는 그를 추종하지 않는다. 이미 초기 저술인 『자아의 초월』(*die Transzendenz des Ego*)(1936/37)에서 사르트르는 체험과 구별되는 초월적 주체라는 가정을 지나친 것으로 간주한다. 그에 반해 그는 『존재와 무』에서 "선(先)반성적인 코기토"의 이론을 전개한다. 그는 이 '코기토'를 정상적인 세계-내-존재를 형성하는 주체성의 수동적 내지 정태적(zuständlich) 측면으로 이해한다. 이와 함께 사르트르의 존재론에서는 자발성과 수용성 사이의 긴장이 생겨나는데, 이것은 이미 후설의 의식 분석에서 설계된 것이다. 그에 대한 간접증거(Indiz)는 먼저 후설과 함께 무의식이라는 프로이트의 개념을 절대적으로 거부한 사르트르가 『존재와 무』의 끝부분에 "실존론적 정신분석학"의 기획을 제시하고 있다는 사실이다.

선(先)반성적 코기토(*Cogito*)의 존재론과 더불어 사르트르는 하이데거가 제시하는 존재자와 존재사이의 존재론적 차이를 성공적으로 무력화시킨다. 이 차이의 자리에 타자의 경험이 등장한다. 타자의 실존이 사르트르에게는 자신의 인격성보다 더 확실한 것이다. 타자는 일차적으로 소통의 상대자가 아니라, 그에 대항하여 존재결핍 때문에 신음하는 주체가 방어해야만 했던 경쟁자로 체험된다. 그러나 동시에 개인은 자신의 창조성과 신체성에서 타자를 거부할 수 없다. 불가피한 상호주관성은 다시 한 번 후설이 이미 세계의식에서 확인했던 인간 실존의 역설을 강조한다. 사르트르는 나중에 이 역설을 마르크스주의의 영향 아래 이성의 변증법으로서 해결하려고 시도했다. 이와 함께 그는 주체 현상학을 사회심리학적 관점에서 정치철학으로 확장했다. 이 철학에서는 변증법적 유물론에서와는 달리 의식이 존재보다 우위를 차지한다.

6.2. 상상력과 부정

하지만 생활세계와 사회철학의 차원을 넘어 사르트르는 자신의 선반성적 코기토이론을 통해 엄밀한 현상학적 핵심을 보존하고 있다. 이것은 사르트르에게 무(Nichts)가 차지하는 체계적 위치에 대해 묻게 되면 드러난다. 많은 독자를 열광시키기도 했지만 합리주의적이며 분석철학적으로 정향된 사상가의 진영에서 비판적 거리두기를 초래했던 존재론적 어휘의 배후에 경험의 구조분석이 은폐되어 있다. 이 분석을 위해 사르트르는 『상상력의 현상학적 심리학』이라는 부제를 달고 있는 초기 저작인 『상상계』(*Das Imaginäre*, *L'Imaginare*, 1940)에서 발판을 마련했다. 그는 이 책에서 후설의 지향적 의식개념에서 나아가지만 지향성에 새로운 의미해석을 부여한다. 의식의 '넘어서 지시함' (das Über-sich-hinaus-weisen), 즉 '자기밖에 존재함' (Außer-sich-selbst-sein)을 사르트르는 본능의 목표에 대한 거리두기의 가능성으로 환원시킨다. 이를 통해 인간은 동물의 본능과 결합된 행동에 반하여 더 많은 활동공간을 확보한다. 거리두기는 실재적 사물과 사태를 넘어서는 것(Überschreitung)이고 전체, 즉 세계로서의 그것들을 파악할 수 있게 한다. 사르트르에게 출발점은 항상 구체적인 상황이다. 그리하여 그는 하이데거의 세계-내-존재를 '어떤 상황에 놓인-존재'(Situiert-sein)로 파악한다. 그에게 상황이 그렇게 중요한 이유는 그것이 동기부여를 설명하기 때문이다. 이 동기부여로부터 지향적 의식이 작용한다.

모든 인간 경험의 항구적 배경으로 존재하는 세계는 인간이 실제상황에 그를 우연성에서 해방시키는 하나의 이미지를 대립시킴으로써 생겨난다. 그러나 이것은 사르트르에게 탈출의 기제가 아니라, 그 안에서 현실이 비현실적인 것의 입장에서 경험되는, "세계"라고 불렸던 매체의 창출이다. 현실의 폭로는 가차 없는 현사실성으로서 경험된 실재성을 전제한다. 하이데거에 의해 "넘어서는 것"(Überschreitung)으로 불린 기능을 사르트르는 상상력과 동일시하는데, 이것은 그와 동시에 모든 의식의 본질적 구성요소로서 승격된다: "상상하지 않는 의식을 생각해내는 일은 코기토를 실행할 수 없는 의식을 생각해내는 일만큼 부조리하다."(『상상계』, 299)[1] 사르트르가 사고와 상상력을 동일시하는 것은 상상력이 현상학적 탐구의 활력소라는 후설의 명언을 진지하게 만든다. 그리하여 의식은 심리학적으로 상상적 상태로 경험되는 논리적 기호의 위상을 획득한다. 그에 따라 지향적 의식은 상상계를 통해 산다는 것, 결코 현실일 수 없는 것을 동경하는 것을 뜻한다. 사르트르는 이렇게 지향성을 새롭게 해석함으로써 구체적 현실에 대한 자신의 추구를 의식의 절대성과 결합하며, 그렇게 인식론적 관념론과 실재론의 이원론을 극복하는 것이 성취된다.

---

1 역주: 장 폴 사르트르, 『사르트르의 상상계』(윤정임 옮김), 도서출판 기파랑, 2010, 334쪽.

사르트르는 지향성에 대한 자신의 이해를 다음과 같이 논증한다. 의식은 항상 대상을 향하고 있다. 그러나 지각과는 구별되어서 표상된 대상은 상상(력)에서 실재성의 맥락으로부터 취해진다. 대상(Gegenstand)은 "부재" 혹은 "무"로 정립된다. 그러나 동시에 실제적인 것의 총체성으로서의 세계는 상상(력)을 통해서 부정된다: "두 개의 부정은 보완적이며 전자는 후자의 조건이다"(『상상계』, 285).[2] 상상(력)과 부정은 공속적이다. 왜냐하면 부정되는 것(예를 들면 잔디가 푸르지 않다는 것)은 표상에서 현재적이어야 하기 때문이다. 그러나 이러한 상호관계는 개별적 사물들의 넘어서는 것으로서 항상 소실점을 필요로 하는 세계의식 자체에 대해서도 유효하다. 이 소실점으로부터 소여가 그 전체성에서 세계로 파악된다. 이러한 의식이론적 분석은 자유롭게 분석철학적 사태로 번역된다. 그리하여 단토(Arthur C. Danto)는 자신의 연구서 『사르트르』(1975)에서 다음과 같이 서술한다: "나는 사르트르의 사고에서 아주 우뚝 솟아 있는 장치가 단지 기호와 묘사된 대상 사이의 차이에 대한 다른 표현방식이다(...)라고 생각한다".(95)

지향적 의식의 구조로서의 상상계는 그로부터 『존재와 무』에서 펼쳐지는 "인간적 실재성"(réalité humaine, 이것은 하이데거의 현존재 Dasein의 번역이다)에 대한 유명한 서술이 이해되는 현상학적 중심사상이다. 이것은 사르트르가 타자에게 부여하는 역할에 대해 타당하다. 객체성의 설명을 위해 상호주관성으로 결부시키는 후설과는 다르게 타자는 자신의 "시선"(Blick)을 통해 고립된 주체의 고유한 세계의 위협과 파괴로서 경험된다. 왜냐하면 조망에는 자신의 지평과 결코 완전

---

2 역주: 장 폴 사르트르, 『사르트르의 상상계』(윤정임 옮김), 도서출판 기파랑, 2010, 326쪽.

하게 일치할 수 없는 낯선 관점, 즉 낯선 상상계가 놓여 있기 때문이다. 이것은 또한 자신의 구체성과 개별성에서 열광하기도 하지만, 사랑의 작용(Liebesakt)에서 어떤 결정적 혼융도 허락하지 않는 낯선 신체의 경험에도 해당된다.

6.3. 상황에서의 자유

상상계이론(Die Theorie des Imaginären)은 사르트르의 자유론, 즉 존재와 무 사이의 항구적 선택으로서의 자유에 대한 현재주의적이며 행동주의적인 이해도 분명하게 한다.[3] 인상적인 것은 여전히 『존재와 무』에서 전개되는 인간 행동의 상황결부성(Situationsgebundenheit)에 대한 분석이다. 이 분석은 유명한 "자유의 역설"로 이끈다: "자유는 상황 속에서만 존재하며, 상황은 자유에 의해서만 존재한다. 인간 존재(die menschliche Realität)는 자신이 만들어내지 않은 저항과 장애를 여러 곳에서 만난다. 그러나 그런 저항과 장애는 인간 존재가 그것으로 있는 자유로운 선택 속에서 또 그것에 의해서만 의미를 가진다."(『존재와 무』, 845)[4] 자유의 현사실성은 "부정직(Unaufricitigkeit)", "사랑" 그리고 또한 "사디즘"(Sadismus)에 대한 인상 깊은 서술에서 밝혀진다. 여기서는 이곳을 제외하고 사르트르에게서 전혀 볼

---

3 역주: 지각은 인과율의 세계에 복종한다. 반면에 상상력은 인과적 실재세계와 본질적으로 분리되어 있다. 사르트르에게 상상력은 결정론에 반하는 자유의 증거로 사용된다. 다시 말해 상상력은 그가 중시하는 인간의 자유, 혹은 인간 의식의 자유를 확보해주는 작용이다.

4 역주: 사르트르, 『존재와 무』(정소성 옮김), 동서문화사, 2009, 799쪽.

수 없는, 신의 은총과 사랑을 통한 인간의 정당화라는 신학적 사고형식에 대한 관계가 드러난다. 그는 성애적 사랑을 자신의 실존의 무근거성에서 벗어난 유일하게 가능한 내적 세계의 형식으로서 고찰한다: "사랑받기 이전에는 우리가 우리의 존재라고 하는, 합리화되지 않고 또 합리화될 수도 없는[5] 이 결절(結節, Protuberanz)에 대해 불안했던 것과는 반대로, 즉 우리가 우리를 '쓸데없는 것' (zu viel)으로 느끼고 있었던 것과는 반대로, 지금 우리는 우리의 이 존재가 그 구석구석까지 [타자의] 이 절대적인 자유에 의해 다시 회복되고 욕구되고 있음을 느낀다. 동시에 우리의 존재는 타자의 이 절대적 자유에 조건을 부여하고 있고-또 우리는 자신에게서, 우리 자신의 자유를 가지고 타자의 이 절대적인 자유를 욕구하고 있는 것이다. 사랑의 기쁨, 즉 '우리가 정당화되어 존재하고 있음을 느낀다' 고 하는 그 사랑의 기쁨이 있다고 한다면, 바로 거기에 그 근거가 있다."(『존재와 무』, 649f.)[6] 사르트르는 단지 성애적인 사랑을 통한 정당화와 함께 어떤 방식에서는『존재와 시간』의 시작 부분에서 엄격히 거부하는 셸러의 가치철학에 접근한다. "가치를 존재하게 하는 것은 나라고 하는 사실을 거스르면, 나는 어떤 가치에도 의지하지 못하고 의지할 곳을 찾을 수도 없다. 어떤 것도 나 자신을 거슬러서 나를 안전하게 해주지는 못한다. 내가 '그것으로 있는' 이 무로 말미암아 나는 세계에서도 나의 본질에서도 분리되어 있으므로, 나는 세계의 뜻과 나의 본질의 뜻을 스스로 실현하지 않으면 안 된다. 나는 오로지 혼자서, 핑계도 대지 못하고 변명할 여지

5 역주; 펠만은 이 부분의 독일어 번역이 잘못되었음을 지적하고 있다: "프랑스어로 *injustifiée*, *injustifiable*로 되어있기 때문에 독일어 번역은 *ungerechtfertigen*이 아니라 *nicht gerechtfertigten*, *nicht zu rechtfertigenden*"이 되어야 한다고 한다.

6 역주; 사르트르, 『존재와 무』(정소성 옮김), 동서문화사, 2009, 617쪽.

도 없이 그 뜻을 결정한다."(『존재와 무』, 108)[7] 구토, 공포 그리고 열등감에서 표현되는 인간 정당화의 부재는 최후의 단어가 아니다. 그러나 성애는 마지막에 요구와 헌신에 의한 그것의 제한과 더불어 개인이 자기와 타자의 의심을 견딜 수 있도록 하는 책임감을 낳는다.

사르트르에게 사랑은 변증법의 공간이다. 이는 여기에서 인간의 경험과 기대가 모순성에서 모든 다른 경험을 능가하는 형식에서 재현되기 때문이다. 이를 통해 하이데거의 죽음 경험의 절대적 정립은 모든 우연성을 넘어서고 극복하는 개인적 삶에의 의지를 통해 대체된다. 물론 자유개념의 개념적 해명, 특히 자유와 결정론의 합치가능성은 사르트르에게 너무 간략하게 등장한다. 그러나 그것이 그의 실존주의적 자유의 열정이 가진 호소력을 변화시키지는 못한다. 이 설득력은 선택의 순간을 정상적 삶의 흐름에서 부각시키는 삶의 감정의 집중도에 기인한다. 그에 따라 자유는 인과성의 중단이 아니라 선택의 순간에서 전체 삶의 과정의 응축(Verdichtung)이다. 사르트르는 삶이 실존론적 순간들의 항구적 연속(Folge)으로서 영위될 수 있다고 확신했다. 이것은 물론 문제가 있는 것으로 밝혀진 확신이다. 왜냐하면 이 확신이 인간 의식에 대한 과도한 요구로 이끌 수도 있기 때문이다. 이러한 문제점에 대한 인상적인 문학적 증거를 시몬 드 보부아르(Simone de Beauvoir)의 소설 『그녀는 왔고 머물렀다』(L'invitée, 1953)가 제공해준다. 이 소설은 열려진 두 사람의 관계가 제삼자의 요구들에 의해 좌절되는 것을 묘사하고 있다. 그런 면에서 사르트르의 유명한 문장 "우리는 자유로울 운명이다"는 깊은 이중적 의미를 가지고 있다. 그것은 삶의 형식으로서 실존주의의 강점과 동시에 한계를 깨닫게 해준다.

---

7 역주: 사르트르, 『존재와 무』(정소성 옮김), 동서문화사, 2009, 99쪽.

6.4. 지각과 행동

근본적인 자유의 열정(Freiheitspathos)에 대한 유보가 프랑스 현상학의 두 번째 대표주자인 메를로-퐁티(M. Merleau-Ponty, 1908-1961)를 사르트르와 구별한다. 이것은 이미 메를로-퐁티가 하이데거의 실존분석보다는 후설의 지각의 분석에 더 밀접하게 연결된다는 점에서 드러난다. 사르트르에게 형이상학적 의미부여에 대한 깊은 혐오감이 감지될 수 있는 반면, 메를로-퐁티는 의미개념(Sinnbegriff)을 풍부하게 사용한다. 실로 육체적-정신적 존재로서의 인간에 대한 그의 이해는 "육화된 의미"라는 개념 아래 활동한다. 이때 주목할 점은 프랑스에서 현상학이 계속적으로 전개되는 데 베르그송(H. Bergson)이 결코 과소평가할 수 없는 역할을 수행한다는 사실이다. 그의 기여는 그가 현상적 의식에서 지향성에 대항하여 수동적 혹은 정태적 측면을 부각했다는 점에 있다. 덧붙여 말하자면 개인적으로 결코 만난 적이 없지만, 그들이 수행했던 의식의 분석에서 제임스(W. James)를 공통적으로 참고한다는 점을 통해 유사한 결과에 도달했던, 후설과 베르그송의 관계에 대해서 지금까지 독일에서는 거의 관심을 기울이지 않았다. 그것은 아마도 베르그송이 너무 일찍 생철학의 비합리주의자로 낙인찍혔기 때문일 것이다.

메를로-퐁티는 그의 주저인 『지각의 현상학』(1945)의 서문에서 후설과 하이데거의 입장을 결합하는 현상학의 이념에 대한 함축적 서술을 제공한다:

> "기술하는 것이 문제이지 설명하는 것과 분석하는 것이 문제인 것은 아니다. 후설이 초기의 현상학에 하달했던 최초의 지령은 '기술심리

학'(beschreibende Psychologie)이어야 한다는, 또는 '사물 그 자체로' 복귀해야 한다는 것이었다. 우선, 그것은 학문을 부인하는 것이다. 나는 나의 신체 또는 '심리현상'을 결정하는 복잡한 인과관계의 결과나 교차가 아니다. 나는 나를 세계의 일부로, 생물학과 심리학 그리고 사회학의 단순한 대상으로서 생각할 수 없고 나를 학문의 세계에 가두어 둘 수 없다. 나는 내가 세계에 대해 알고 있는 모든 것이, 비록 학문적 인식이라 할지라도, 나의 관점 또는 학문적 상징들이 의미 없는 것으로 되지 않는 세계의 경험에서 나온다는 것을 알고 있다. 모든 학문의 세계는 직접 체험된 세계 위에 세워진다.(...) 사물 그 자체로 복귀한다는 것은 인식이 언제나 말하고 있는, 인식 이전의 세계로 복귀한다는 뜻이다. 그리고 그것은 우리가 숲, 초원, 강이 무엇인가를 맨 먼저 배우게 되었던 시골 풍경으로부터 지리학이 시작된 것처럼, 모든 학문적 규정이 추상적이고 파생적인 기호언어에 불과한 그 세계로 복귀하는 것이다.(...) 세계는 내가 구성의 법칙을 내 수중에 지니고 있는 그런 대상이 아니다. 그것은 자연적 환경이며 나의 모든 사유의 장이고 나의 모든 명시적인 지각의 장이다. 진리는 '내적 인간'에 '거주'조차 하지 않는다. 오히려 (...) 내적 인간이란 없으며 인간은 세계에 있고 자신을 아는 것은 세계 내에서이다."(『지각의 현상학』, 7 f.)[8]

이러한 강령적 표현을 통해 다음의 사실이 분명해진다: "지각"은 메를로-퐁티에게 기억이나 상상력과 병행하는 하나의 능력이 아니다. 그것은 직접적 경험의 모든 형식을 대변하며, 이로써 "절대적 지식"의

8 역주: 메를로-퐁티, 『지각의 현상학』(류의근 옮김), 문학과지성사, 2011, 15쪽 아래. 일부 내용은 의미에 맞게 새로 번역했다.

위상을 획득한다.

사르트르의 주체성이론이 그 출발점을 상상계(das Imaginäre)에서 취하는 반면, 메를로-퐁티는 후설의 의식현상학을 그의 초기 작품 『행동의 구조』(*Die Struktur des Verhaltens*)(1942)의 행동이론적 발상을 통해 하이데거의 현존재 분석의 실용적인 요소와 매개하려고 시도한다. 이때 메를로-퐁티는 그 시대의 행동연구와 형태심리학의 연구 성과에 준거한다. 이러한 기초 위에 메를로-퐁티는 사고에 대항하여 감각운동적인(sensomotorisch) 신체성을 의미와 의의를 형성하는 장소로 만든다. 그러나 이때 명백히 미국의 행동주의와는 거리를 둔다. 그는 자연적, 즉 생물학적으로 서술될 수 있는 신체와 사회적으로 정의되는 "문화적" 신체를 구별한다. 이때 그는 구조개념의 도움을 받는데, 이 개념을 그는 형태개념과 결합시킨다. 이런 방식으로 의식이론의 유심론(Mentalismus)을 해체하고 의미형성을 생물학적 소여에 대한 대답으로서 외재주의의 관점에서(externalitisch) 성공적으로 해명한다.

6.5. 기능적 지향성

현상학의 의식개념이 다르게 확장된 것은 메를로-퐁티가 구성적 지향성을 자발성과 수용성을 포괄하는 삶의 실행에 관심을 맞추는 "기능적 지향성"으로 대체한 경우이다. 이와 동시에 후설이 고수하는 감각적 직관은 더 넓은 맥락에서 자리잡게 되고, 이때에 물론 메를로-퐁티는 도구사용이라는 하이데거의 범형을 추종하지 않는다. 그는 신체의 움직임에 표현의 차원을 부여한다. 이 차원은 언어적 표현과 의사소통에 발화자의 의식적 지향을 넘어서는 어떤 의미를 부여한다. 그리하여 고유한 신체는 세계해명의 일차적 매체를 형성한다. 이것은 존재론자에게 의식과 질료사이의 제3의 존재방식을 가정하도록 강요하는 하나의 의미의 육화, 즉 철학적 반성의 환경으로서의 신체의 지혜이다.

프랑스에서 현상학적 의식이론이 구체화되는 과정에서 메를로-퐁티는 의심할 나위 없이 중심적 역할을 수행한다. 그러나 그는 사르트르만큼 폭넓은 영향을 끼치지 못했다. 실질적인 이유는 아마도 메를로-퐁티가 자신이 언어학에서 가져온 구조개념을 용어적으로 간명하게 설명할 수 없었다는 데 있다. 그리하여 신체적인 세계-내-존재에 대한 그의 구조분석들이 구조주의와 신구조주의를 통해 무색하게 되었다. 그럼에도 그의 작품으로부터 현상학의 계속적 발전에서 생산적으로 형성될 수 있는 자극들이 나아간다. 현상학 내부에서 메를로-퐁티는 오늘날 더 실존철학적으로 자리매김되는 사르트르보다 더 강하게 수용되고 있다. 이것은 분명히 직접성과 의미부여에 대한 메를로-퐁티의 매개에 기인한다. 이 매개는 그것에 현상학의 미래가 달려 있는 기호학의 범주로 번역된다.

6.6. 유대교와 개신교의 시각에서 본 현상학

현상학은 프랑스에서 일련의 다소간 유명한 사상가들을 배출했다. 이들은 모두 후설의 초월적 주관을 하이데거의 존재론적 관점으로 대체했다. 그들이 현상학에 기여한 것은 일반적으로 세계-내-존재의 분석들을 정신분석학과 언어학적 구조주의 그리고 해석학과 결합시키는 데 있다. 여기서 탁월한 위상을 차지하는 사상가는 유대교 종교철학자인 레비나스(E. Lévinas, 1905–1995)와 신교의 해석학자인 리쾨르(P. Ricœur, 1913–2005)이다. 사르트르에게 후설에 대한 관심을 촉발시켰던 텍스트 『후설 현상학에서의 직접적 인식의 이념』(1933)의 저자인 레비나스는 상호주관성의 분석을 위해 현상학적 방법을 사용한다. 이때에 그는 타자를 자아(Ego)보다 우위로 인정하며, 그로부터 윤리적 귀결을 이끌어낸다. 여기에서 그는 결코 독자적인 윤리학으로 나아갈 수 없었던 사르트르를 넘어선다. 주체성은 레비나스에게 "겪다, 당하다"(erleiden)와 "시달리다, 고난을 겪다"(leiden)라는 단어의 근원적 의의에서의 수동성이다. 이를 통해 그는 명백히 후설의 자아론(Egologie)과 거리를 둔다. 인간은 어떠한 의식행위를 통해도 지양할 수 없는 수동성을 무엇보다도 타자의 용모를 통해 깨닫는다. 이 타자는 그의 근본적 타자성을 통해 가치윤리학, 특히 셸러의 인격주의의 개념들에서 벗어난다.

고전적 현상학의 근본입장에 대한 현저한 차이는 왜 레비나스가 여전히 현상학에 속하는가라는 물음을 제기한다. 가능한 대답은 다음과 같다: 왜냐하면 레비나스는 주체를, 자신의 사고를 명백히 그리스적 로고스의 전통에 세우는 후설과는 다른 종교적 전통에서 조망하기 때문이다. 자기 자신에게 그의 유대 혈통에도 불구하고 "신교적 근본존재"(protestantisches Urwesen)가 있다고 여기는 후설에게 지향적 의식의 자율성은 의심의 여지가 없다. 그리하여 그에게 모든 예언자적인 것은 낯설다. 그에 반해 레비나스는 형식적으로 하이데거 기초존재론과 인간 자유의 약화라는 관점에서 일치한다. 그는 이 자유를 "타자", 즉 신에서 지양된 것으로 파악하고자 했다. (그 안에서) 우리가 살아가는 현실들이 결합되는 문화들의 모든 상이성과 낯설음에서 레비나스는 혈통에서 통일시키는 결속을 인식한다. 이 결속이 모든 공포에도 불구하고 삶을 살 만한 가치가 있는 것으로 만든다. 그러한 표현들과 함께 레비나스는 후설이 현상학에 부과한 엄밀한 학문성의 한계를 넘어선다. 그러나 그는 유럽 문화의 발전을 위해 외면할 수 없는 상호문화적 관점을 개척했다. 후설은 1930년대 작성한 자신의 「위기-저술들」에서 그리스-기독교적 사고를 세계사의 목적으로 고찰한다. 레비나스는 유럽중심주의와 단절한다. 레비나스의 사고에 대한 에세이 「폭력과 형이상학」(1964)에서 데리다(J. Derrida)는 유럽 형이상학의 현상학적 해체라는 틀 안에서 유대교와 헬레니즘의 관계에 대한 물음을 제기하며 그는 다음과 같이 답한다: 유럽은 두 정신적 공간 사이에서 발전해야만 한다.

문화철학적으로 다른 위상을 가지는 것이 리쾨르(P. Ricœur)의 저작들이다. 그는 프로이트의 정신분석학을 의욕과 열망의 현상학으로 확장했다. 방법론적으로 그는 형상적 기술을 따르며, 일의성(Eindeutigkeit)이 아니라 의미의 충만을 목표로 하는 신학적 해석학과 결합시킨다. 그 결과가 "해석학적 현상학"이다. 이 현상학은 개별적 진술에 집중하는 것이 아니라 그 안에서 진술이 그 지시 관계(Referenz)를 가지는 지평을 해명한다. 이 모델에 따라 리쾨르는 그 안에서 타자에게 우선권이 주어지는 인간 상호간의 소통을 해석한다. 그리하여 그는 언어를 "매체 혹은 그 안에서 그리고 그것을 통해 주체가 정립되고 세계가 드러나는 그 환경"(『해석학과 구조주의』, 160)으로 파악한다. 이와 함께 그는 후설보다 더 강하게 주체의 자기구성의 선(先)반성적 성격을 부각시킨다. 이것이 그를 마침내 인간적 역사성의 근본개념인 서사성(敍事性, Narrativität)으로 인도한다.

리쾨르의 수많은 저작들 중에서 독일에서는 『타자로서의 자기』(1990)에서 실행된 현상학적 상호주관성이론의 해석학적 윤리로의 변형이 가장 강하게 수용되었다. 물론 그의 해석의 개방성이 분명한 철학적 자리매김을 쉽지 않게 한다. 리쾨르가 인간 주체성의 역설적 구조에서 놓여 있다고 보는 "해석의 갈등"은 그를 신교적으로 특징지어진 "탈비판적 믿음"으로 이끌었다. 철학적으로 현상학과 정신분석학의 연합을 지시 관계의 확장된 개념을 통해 진전시킨 것은 철학적으로 그의 공로로 남는다. 이와 연관해서 정신분석자인 라깡(J. Lacan, 1901–1981)도 언급될 가치가 있다. 그는 신구조주의의 대열에서 정신분석학의 어휘를 발생적 현상학의 의미에서 재해석했다. 그리하여 그는 자기-정체성의 상호주관적 이해에 도달한다. 이것이 사르트르의 개별해석학을 넘어서며, 자율적 의식을 구조적 조건에 결합시킨다. 이 구조 아래에서만 자기가 타자에 대해서와 마찬가지로 자신에 대해 책임질 수 있다. 마지막으로 앙리(M. Henry, 1922–2004)를 들 수 있다. 그는 통속문학과 현상학적 분석의 특수한 프랑스적 혼합을 통해 두각을 나타내며 학술적 철학에서는 오히려 신체 현상학과 마르크스주의의 사회이론의 요소를 삶의 존재론으로 결합한 주변인으로 고찰된다.

7. 생활세계와 기술화

하이데거가 초월적 현상학을 현존재분석으로 개조하는 것에 대해 후설은 1930년대 "생활세계"라는 새로운 구상을 도입함으로써 반응했다. 그는 데카르트에 접목하여 고립된 주체의 코기토(Cogito)에서 나아가는 대신 세계의 구성을 논리실증주의와 나란히 언제나 이미 상호주관적으로 구조화된 자연적 경험으로부터 재구성한다. 후설은 『데카르트적 성찰』의 5장에서 상호주관성을 지각이론적 개념을 통해 구성하고자 시도한다. 그러나 이 시도는 대단히 인위적으로 작용했고, 아무도 올바르게 설득하지 못했다. "생활세계"라는 개념의 도입을 통해 문제제기의 상황은 변화한다. 상호주관성은 일차적인, 즉 개념적으로 더 이상 거슬러 올라갈 수 없는 경험이 된다. 이로써 후설은 하이데거의 현존재 분석에 일치하지만, 동시에 그의 존재론주의를 피한다. 후설에게 중요한 것은 "존재의 의미"에 관한 물음이 아니라 의식의 의미이다. 특히 그에게 중요한 것은 인간이 어떤 조건에서 자신이 창조한 과학과 기술의 세계에서 생존할 수 있는가이다.

후설 개념의 철학적 유의미성은 "생활세계"라는 표현으로 후설 이

전의 사회학자인 뒤르켐(E. Durkheim), 베버(M. Weber) 혹은 짐멜(G. Simmel)이 행했던 것과 같이 사회적 세계, 즉 사회생활의 세계만이 서술되는 것이 아니라, 이 개념이 현상학적 근거지음의 담론이라는 틀 안에서 '정당화하는 지위' (einen rechtferigenden Status)를 보유한다는 데 있다. "보편적이며 최종적으로 기능하는 주체성"으로서의 생활세계의 '정당화 기능' (die rechtfertigende Funktion)을 후설은 이제 신칸트주의자들처럼 더 이상 모든 소여를 "종합적 행위"에서 용해시키는 초월적 주관의 "근원적 통일"에서 인식하는 것이 아니다. 오히려 정당화는 지속되는 삶에서 자신의 상관물을 보유하는 경험의 과정성에 있다. 생철학에 의지하면 여기서 문제가 되는 것은 인간이 살아가는 환경세계를 유일한 실재성으로 고찰하는 선(先)과학적 경험의 정당화에 못지 않은 것이다.

생활세계의 경험으로 회귀함으로써 후설은 새로운 논리적 공간을 개척한다. 이 공간이 세계의 해독가능성(Lesbarkeit)뿐만 아니라 생존가능성(Lebbarkeit)도 보장한다. 그렇게 "생활세계"는 그 안에서 이론과 실천이 단절되지 않은 통일체를 형성하는 마치 낙원같은 세계관계의 상징이 된다. 하여튼 후설의 생활세계개념은 지향적 의식이라는 그의 구상과 마찬가지로 함축적 목적론, 즉 모든 조직적인 것(Systemisch)이 필요악으로 간주되는 내적 합목적성을 보유한다. 그런 면에서 생활세계는 순수한 기술적(記述的) 개념이 아니라 규범적 개념이다. 목적론적 구조를 통해 이 개념은 철학적으로 과대평가된다. 이것이 20세기 후반부 이 개념에게 학술적 현상학을 훨씬 넘어서까지 미치는 이력을 산출하게 하였다.

7.1. 개념의 유래

정통 현상학자에 의해 완고하게 방어된 신화에 반해 생활세계라는 단어는 후설에 의해 특징지어진 것도 아니고, 그가 처음 사용한 것도 아니다. 그 개념은 19세기에 통용되는 생물학의 개념인 "생활세계"(유기체의 세계)와 구별될 수 있지만, 그러나 분명히 생물학적 함축을 포함하고 있다. 삶은 유기체의 삶, 즉 주관적 체험과 마찬가지로 객관적 정신을 포괄한다. 그런 이유로 이 개념이 가진 의의의 스펙트럼은 환경세계라는 생물학적 개념에서 정신적 세계라는 해석학적 개념을 넘어 목적의 왕국이라는 관념론적 개념에까지 미친다.

활동성(Aktivität)의 경험이라는 문제와의 연관성에서(*The Experience of Activity*, 1904) 제임스(W. James)에게 "생활세계"(world of life)라는 개념이 등장한다(in: Essays in Radical Empiricism, 187). 이 개념은 기독교도(Christ)와 세계를 화해시키는 것을 목표로 세운 1900년경의 소위 "문화신교"(Kulturprotestantismus)에서 중요한 역할을 수행한다. 트뢸체(E. Troeltsch, 1865-1923)의 역사주의에서 이 개념은 성장한 종교적 신앙의 세계를 특징짓는데, 기독교가 이 세계에 대항하여 자연적으로 성장한 문화를 파괴하지 않고 자신의 "최상의 타당성"을 방어해야만 한다. 말하자면 여기서 관건이 되는 것은 상대주의의 문제, 즉 문화의 통일성과 다양성의 물음이다. 이러한 문제제기는 그 해결을 위해 후설 역시 그 개념을 적용한 그것이다: 어떻게 생활세계의 경험이 그 주체성과 상대성에서 객관적 학문을 위한 토대를 제공할 수 있는가?

후설은 생활세계를 "주관적인 것의 영역"이라고 부른다. 여기서는 더 이상 개별적인 코기토(Cogito)의 주체성이 아니라 단지 "익명적 주체성"(Hua VI, 114 f.)[1]만이 중요하다. 그것과 함께 의식의 측면이 주의를 끈다. 이 측면은 아직 대상적이 아니며, 지향성에 앞서서(vor) 그리고 그와 동시에 마치 주체와 객체 사이에 놓인 것과 같은 것이다. 그것으로 후설은 라일(G. Ryle)이 『마음의 개념』(*Der Begriff des Geistes*)에서 전개시킨 것과 같이 행동주의적 고찰방식에 근접하게 된다. 내적 세계에는 어떤 병행하는 극장이 운영되는 것이 아니며, 경험은 형식-화용론적으로(formalpragmatisch) 기술되는 내면과 외부의 통일체를 형성한다.

자연적, 즉 일상적 경험의 영역으로서 생활세계에는 모든 것이 유동적이지만, 생활세계는 결코 헤아릴 수 없는 인상들의 혼돈(Chaos)이 아니다. 그 안에서는 오히려 구조개념을 통해 기술되는, 어떤 형태를 지닌 질서가 지배한다: "모든 상대적 존재가 그것에 결합되어 있는 이 보편적 구조는 그 자체가 상대적인 것은 아니다."(Hua VI, 142)[2] 후설이 "생활세계적인 선험적 기반(Apriori)"의 위상을 부여하는 구조들에게 중요한 것은 근거된 인식과 구별해서 선(先)이론적 지식형식, 즉 방향설정의 실천을 위한 이해("knowing how")이다. 그와 동시에 이론과 실천의 대립도 지양된다. 왜냐하면 생활세계의 신념들은 항상 행위의 준비 자세와 결합되어 있기 때문이다. 후설은 "전통적으로 그렇게 폄하해서 고찰했던 속견(*doxa*)"(Hua VI, 465)에 대해 언급한다. 이것은 인식(*episteme*)에 반해 이제 놀라운 평가절상을 경험한다. 이제 물음은 단지 어떻게 속견이 근거된 지식의 진리 요구 앞에

---

1 역주: 에드문트 후설, 『유럽학문의 위기와 선험적 현상학』(이종훈 옮김), 한길사, 1997, 210쪽.

2 역주: 에드문트 후설, 『유럽학문의 위기와 선험적 현상학』(이종훈 옮김), 한길사, 1997, 245쪽.

버틸 수 있는지이다.

7.2. 자명한 것의 영역으로서의 환경세계

후설은 생활세계의 모든 계기들을 자명성의 개념에서 총괄한다. 이런 시도는 소박한 주장처럼 들리는데, 이는 여기서 어떤 유행하는 철학적 용어가 문제시되는 것이 아니기 때문이다. 그러나 좀 더 면밀히 살펴보면 여기에 인식론적이며 '정초이론적' (begründungstheoretisch) 분석을 위한 새로운 차원이 있음이 드러난다. 자명한 것, 즉 그 소박실재론과 더불어 선(先)과학적 세계개념은 이제 데카르트의 코기토(Cogito)를 대신하여 수학적 자연과학의 객관적 세계개념을 위한 "토대" (Boden)를 제공한다고 한다. 물론 여기에 하나의 문제가 있다: 자명한 것은 단지 그것이 반성되지 않게 머물며, 주제화되지 않은 배경으로 기능하는 한 근거를 제시한다. 우리가 자명한 것을 이해하려고 하면 우리는 역설적 과제와 직면하게 된다. 이를 후설은 세계의 부분("객체존재 Objektsein")이고자 하면서 동시에 세계보다 우월하고자 하는("주체존재 Subjektsein") "인간 주체성의 역설"이라는 문장으로 요약했다(Hua VI, 182).[3]

자명한 것(Das Selbstverständliche)은 여기에서 인간 행위의 기초가 되는 사념들과 신념들, 즉 경험론의 믿음(*belief*)에 필적한다. 후설이 생활세계개념을 적용할 때 물론 경험론적-실용주의적 전통을 거의

3 역주: 에드문트 후설, 『유럽학문의 위기와 선험적 현상학』(이종훈 옮김), 한길사, 1997, 303쪽.

상기시키지 않는다. 더 강력한 것은 윅스퀼(J. v. Uexküll, 1864-1944)의 생물학적 환경세계론에 대한 공명이다. 이에 상응하게 후설에게서도 "생활의 환경세계"(Lebensumwelt)(Hua VI, 105)[4]라는 표현이 발견된다. 윅스퀼에 따르면 모든 종의 동물들은 공통적인 세계에서 살아가는 것이 아니라, 그들의 환경세계를 마치 자기 자신에 대한 외피처럼 두른다. 더욱이 모든 동물들의 환경세계들이 형식적으로 동일한 근본원칙에 의해 구성되었다: "지각세계"(Merkwelt)과 "작용세계"(Wirkwelt)의 결합, 그러나 내용적으로는 동물의 환경세계들은 비교할 수 없다.

윅스퀼은 그의 환경세계론을 인간에게 적용했다. 인간들의 환경세계는 문화적 독자성에 의해 구별된다. 환경세계의 문화적 규정어(das kulturele Definiens)는 그것의 자명함(ihre Selbstverständlichkeit)이며, 나중에 윅스퀼은 이를 "가장 비밀스러운 탐구영역"(*Niegeschaute Welten*, 96)이라고 말한다. 외부에서 바라보는 사람의 눈에는 복수의 환경세계들이 존재하지만, 참여자 자체에게는 그러나 단지 단수의 환경세계만이 존재한다. 인간들은 자신의 문화를 '유일한 것' (*singulare tantum*)으로 체험한다. 그러나 동물과 다르게 인간들은 원리적으로 자신의 환경세계를 과학적 구성을 통해 모든 것을 포괄하는 객관적 세계로 확장하는 것이 가능하다. 이것은 분명 하나의 진보인데, 이 진보를 통해 인간은 본능에 의해 인도되는 존재로서 동물보다 앞선 이성적 존재로서 특징지어진다.

그러나 진보는 과학자가 그들에 의해 구성된 객관적 세계를 고유한

---

4 역주: 에드문트 후설, 『유럽학문의 위기와 선험적 현상학』(이종훈 옮김), 한길사, 1997, 199쪽.

현실로 간주하는 경향이 있다는 것을 통해 우려할 만한 것이 된다. 이러한 실증주의적 태도와 함께 인간들은 윅스퀼이 표현했듯이 "그림자를 현실의 주인으로" 만든다. 그러나 이것은 인간 이성을 소외시킨다고 한다. 이성은 살았던 현실과의 연결을 상실한다. 이러한 객관주의에 반해 중요한 것은 인간 경험의 주체성을 다시 정당하게 작동시키는 것이다. 단지 이렇게만 문화의 풍부함이 보존될 수 있다고 한다. 우리가 문화적 환경의 특수성을 고려하면, 즉 다른 문화에서 자명한 것으로 간주되는 것을 고려하게 되면 비로소 다른 인간과 소통할 수 있게 된다.

이것은 확실히 올바른 현상학적 통찰이다. 물론 우리가 문화적 다원주의와 관점주의를, 윅스퀼이 행하는 것처럼(*Niegeschaute Welten*, 18), 우리가 유일한 객관적 세계의 학문적 건설에게 실제로 모든 실재성을 박탈하는 정도까지 몰고 갈 수 있을까 하는 의문이 든다. 왜냐하면 아무튼 그 장점이 문화들 사이의 소통에서도 간과할 수 없는 기술의 형식에서 사고의 구성은 보존되기 때문이다. 후설이 생활세계로의 회귀를 통해 해결하려 했던 문제점이 바로 이것이다.

7.3. 근대의 비정당성

1930년대의 「위기-논문들」에서 후설은 수학적 자연과학의 방법이라는 이상을 비판한다. 그는 언젠가 "수학의 세계에서는 나는 살 수 없을 것이다"라고 말했다. 이는 상징화가 사고와 행위의 방향설정을 위해 인간이 필요로 하는 안전을 제공해주지 못하기 때문이다. "모든 삶은 입장 표명(Stellungnehmen)이며 모든 입장 표명은 절대적 타당성의 우선적으로 경향하는(prätendiert) 규범들에 따라 당위, 즉 타당성 혹은 부당성에 대한 평가에 예속된다. '이러한 규범들이 반박되지 않고, 어떤 회의에 의해서도 위협받거나 조롱되지 않는 한, 이 규범들을 실천적으로 어떻게하면 가장 잘 만족시킬 수 있는가' 하는 (단지 하나의) 중대한 문제만이 존재했다. 그러나 모든 그리고 각각의 규범들이 문제시되거나 혹은 경험적으로 잘못된 것이 되거나, 그 이상적 타당성이 손상되는 현재에는 어떻게 해야 하는가?"(Hua XXV, 65f.)[5] 후설은 생활세계의 경험에서 인간이 신뢰할 수 있는 선(先)이론적 선험적 기반(Apriori)을 발견함으로써 자연주의와 상대주의의 위협에서 벗어나려 했다.

인간은 그의 세계관계의 진리를 이론에서 논증을 통해 확신한다. 하지만 이것은 소여에 대한 거리(두기)를 요구하며, 이를 통해 생활세계의 경험에 대한 관계가 상실된다. 후설에 따르면 수학적 자연과학의 경우가 그러하다. 수학적 자연과학은 생활세계의 자명성을 "이용한다."(Hua VI, 128)[6] 그러나 그것의 근거지음에서 생활세계를 고려하지 않는다. 과학들이 생활세계의 경험의 주체성을 "망각"했다(하이데거의 "존재망각")는 사실은 비록 사용가능한 성과로 이끌지만, 이 성과들은 인식하는 정신에게 더 이상 직관적으로 공감할 수 없다고 한

5 역주: 에드문트 훗설, 『현상학의 이념; 엄밀한 학으로서의 철학』(이영호, 이종훈 옮김), 서광사, 1988, 213쪽 참조. 모든 인생사는 태도를 결정함이요, 모든 태도 결정은 절대적 타당성이 요구되는 규범들에 따라 타당성 혹은 부당성에 대한 판결, 즉 당위(Sollen)에 속한다. 이러한 규범들이 반박되지 않는 한, 단지 '어떻게 이러한 규범들을 실천적으로 가장 만족시킬 수 있는가' 하는 중대 문제만이 유일하게 존재한다. 그러나 모든 그리고 각각의 규범들이 서로 논쟁되거나 혹은 경험적으로 왜곡되어 그 규범들의 이상적 타당성이 박탈된 지금 그러한 규범들을 어떻게 만족시킬 수 있겠는가.

6 역주; 에드문트 후설, 『유럽학문의 위기와 선험적 현상학』(이종훈 옮김), 한길사, 1997, 226쪽.

다. 후설은 이것을 갈릴레이를 통해 논증한다. 그는 갈릴레이의 방법화를 근대적 이성이 타락한 한 사례로 고찰한다. 왜냐하면 수학적 자연과학의 절대적 정립은 방법과 존재를 혼동하는 결과를 초래했기 때문이다. 유사한 비판을 후설은 아인슈타인에 대해서도 제기한다. 그는 아인슈타인의 이론이 생활세계의 토대를 시야에서 완전히 놓치고 있다고 비난한다: "아인슈타인의 혁명들은 이념화되고 소박하게 객관화된 자연(Physis)이 다루어지는 공식들에 관계한다. 그러나 '공식들 일반이나 수학적 객관화 일반이 어떻게 해서 생활과 직관적으로 주어진 환경세계의 근본토대 위에서 의미를 부여받게 되는가' 하는 문제에 대해 우리는 아무것도 경험하지 못한다. 그러므로 아인슈타인은 우리의 생생한 삶이 영위되고 있는 시간이나 공간을 개조하는 것이 결코 아니다."(Hua VI, 343)[7] 그 귀결은 하나의 "객관주의" 혹은 실증주의이다. 후설은 이것을 논증된 지식이라는 지식의 그리스적 이념이 말기적으로 쇠퇴한 형식으로 간주한다.

후설의 객관주의 비판은 특히 정신과학에서 생산적 토대를 형성했으나(gefallen), 방법적 합리성을 "도구적 이성"으로서 오해하고 이념적으로 혐오하는 방향으로 이끌었다. 근대 과학과 기술의 이론의 여지가 없는 실행 능력은 바로 이것들이 수학적 방법화를 통해 직관적 명증성을 거부하며, 단지 결과에만 정향하는 데에서 기인한다. 반면 생활세계-현상학에 의해 제기된 근원적 명증성의 규명에 대한 요구에는 초월적인 반(反)근대주의(Antimodernismus)로 변하게 될 위험이 도사린다. 과학에 대한 하이데거의 실존론적 개념과 그의 기술비판은 여

7 역주: 에드문트 후설, 『유럽학문의 위기와 선험적 현상학』(이종훈 옮김), 한길사, 1997, 461쪽.

기에 대해 의미심장한 증거를 제시한다.

7.4. "생활세계에 관한 학문"

후설은 생활세계로의 자신의 회귀를 새로운 학문유형의 근거지음, 즉 "생활세계에 관한 학문"(Hua VI, 126)[8]으로 파악했다. 여기에서 그는 방법화의 결점을 보정하고 "진정한 합리성"(wirkliche Rationalität), 마찬가지로 객관적 학문의 "타당성 확립"(Geltungsfundierung)에 대한 "참된 통찰"(wirkliche Einsicht)에 도달하는 길을 인식했다. 새로운 학문을 위한 본보기는 브라우어(L. E. J. Brouwer)의 수학적 직관주의이다. 이것은 이념적 대상들을 구성하는 경우 항상 직접적 직관에서 나아간다. 이러한 기초위에 후설의 제자인 베크(O. Becker)는 실제적 · 무한적인 것(Aktual-Unendlichen)이라는 표상을 거부한다. 왜냐하면 이것은 사고의 실행에서 결코 도달할 수 없는 종결을 선취하기 때문이다. 그와 동시에 배중률도 그 타당성을 상실한다. 이것은 형식논리학의 해체(Verflüssigung)에 필적한다. 후설은 그의 "발생적 현상학"이 이러한 합리성 유형에 부합한다는 신념 속에 살아간다. 그는 논리적 명증성의 개념에 대항한다. 그는 이 개념을 눈에 띄게 "우상과 같은"(götzenhaft) 경직이라 비난하면서, 생활세계의 경험에 적응하는 논리학을 옹호한다: "[그러나] 학문 이전에 놓인 술어적 표현들이나 진리들, 이러한 상대성의 영역 내부에서 규범을 제공하는 논리학,

---

8 역주: 에드문트 후설, 『유럽학문의 위기와 선험적 현상학』(이종훈 옮김), 한길사, 1997, 223쪽.

또는 생활세계에 순수하게 기술(記述)적으로 적합하게 된 논리적인 것을 위해 그것에 아프리오리한 규범을 부여하는 원리들의 체계에 대해 묻는 가능성에는 결코 생각이 미치지 못했다. 이제까지는 전통적이던 객관적 논리학이 즉시 이러한 주관적 · 상대적 진리의 영역을 위해서도 아프리오리한 규범으로서 대체되었다." (Hua VI, 138)[9] 이점에서 후설은 프랑스 민속학자 레비-브륄(L. Lévy-Bruhl, 1857-1939)의 미개의 사고방식(Prälogizität)에 거의 근접한다. 그의 저서 『미개인의 사고』(Pensée primitive, *Die primitive Mentalität*)(1922)에서 후설은 자신의 생활세계라는 구상이 입증되었다고 인식했다. 또한 일상사회학에도 연결점을 만들 수 있다. 이는 특히 후설 자신이 "일상적 생활세계"에 대해 말하기 때문이다(Hua VI, 49).[10]

당연히 후설은 그의 "생활세계의 학문"을 민속학으로도 일상사회학으로도 이해되기를 바라지 않았다. 오히려 이 학문은 경험적 과학의 기초에 놓인 선험적 구조학(apriorische Strukturwissenschaft)이어야 한다. 그런 이유로 이 학문은 가장 순수하게 학문적 법칙들을 직관적 경험의 유형화하는 과정으로 환원시키는 구성적 학문이론으로서 파악된다. 여기에 후설에게 "근원신념"(Urglauben) 혹은 그로부터 모든 명제적인 태도들이 추론되는 "근원속견"(Urdoxa)[11], 즉 "신념방식의

9 역주; 에드문트 후설, 『유럽학문의 위기와 선험적 현상학』(이종훈 옮김), 한길사, 1997, 239쪽.

10 역주; 에드문트 후설, 『유럽학문의 위기와 선험적 현상학』(이종훈 옮김), 한길사, 1997, 147쪽. 여기서 말하는 일상적 생활세계는 "일상적 세계의식과 세계의 생활, 일상적 의미에서의 학문 이전의 세계, 세계의 존재를 자명하기 타당한 것으로 간주함으로써 학문에 아무런 관련이 없는 사람의 행동과 활동이 일어나는 세계, 따라서 결국에는 학자가 일상적 실천으로 되돌아갈 때뿐만 아니라 학자의 행동과 활동이 일어나는 세계"를 의미한다.

11 역주; 에드문트 후설, 『순수현상학과 현상학적 철학의 이념들 1』, (이종훈 옮

'양상화(樣相化)되지 않은' (unmodalisiert) 근원형식"의 영역이 놓여 있다(Hua III/1, 241 f.).[12] 단지 이 형식에서 철학은 이론의 고대적인 "근원수립적 의미"(Urstifungssinn)를 근대의 방법사고에 반하여 유효하게 만들며, 학문들뿐만 아니라 전체 문화를 위기로부터 구출할 수 있다고 한다. 당연히 '이를 통해 후설이 직관주의적 환상의 희생자가 되는 것이 아니냐' 하는 의문이 든다. 왜냐하면 지향적 의식은 명제적이며, 인식된 현실은 항상 간접성이기 때문이다. 후설에 의해 추구된 "생활세계에 대한 학문"은 그런 연유로 마무리되지 못했다. 여하튼 란트그라베(L. Landgrabe, 1902-1991)가 정리하고 사후에 출판된 작품 『경험과 판단』(*Erfahrung und Urteil*, 1933)이 이 기획에 어느 정도 근접하고 있다.

후설의 미완의 기획인 생활세계에 관한 학문은 주체의 관점에서 학문이론을 민감하게 만드는 데 기여했다. 그와 함께 근거지음의 문제가 제기되었지만 아직 해결되지 못했다. 방법과 존재를 혼동한다는 현대 학문에 대한 후설의 비난은 뒤바뀐 징후와 함께 그 자신에게로 되돌아왔다. 아마도 그는 1935년 여름 다음의 문장을 작성했을 때, 그것 자체를 예감했을 것이다: "학문으로서, 진지하고 엄밀하며 실로 필증적으로 엄밀한 학문으로서의 철학, 그 꿈은 깨졌다."(Hua VI, 508)[13] 그렇지만 현상학은 생활세계가 확실한 명증성의 세계로서 절대적 진리를 추구하는 이성의 막을 수 없는 꿈이라는 것을 분명히 했다. "생활

김), 341쪽.

12 역주: 에드문트 후설, 『순수현상학과 현상학적 철학의 이념들 1』, (이종훈 옮김), 339쪽.

13 역주: 에드문트 후설, 『유럽학문의 위기와 선험적 현상학』(이종훈 옮김), 한길사, 1997, 617쪽.

세계"는 역설 없는, 즉 그 안에서 결과적으로 존재의 자명성의 변형으로서 어떠한 "속견적 양상들"(doxische Modalitäten)도 존재할 수 없는 존재론적 차이가 없는 세계로 구상되었다. 그러나 그렇게 만들어진 세계는 단지 발견술적 한계개념(ein heuristischer Grenzbegriff)일 수 있다. 아마도 이것은 심지어 후설이 틀림없이 바치려고 하지 않았을 희생을 치르고서야 비로소 현실이 될 수 있는 유토피아이다: 인간적 세계-내-존재를 동물의 환경세계에의 결속과 구별하는 "주체성의 역설"의 거부.

7.5. 개념의 질주

생활세계라는 주제의 폭넓은 수용은 분산되어 있던 이 주제에 대한 후설의 후기저술들이 후설전집 6권 『유럽학문의 위기와 선험적 현상학』이라는 제목으로 출간된 1950년대에 비로소 시작되었다. 먼저 "생활세계" 개념에서 현상학과 역사의 결합이 주제화되었다. 점차 생활세계의 주제 범위는 특히 하이데거의 영향을 강하게 받았던 후설의 조교 란트그라베(L. Landgrabe)와 핑크(E. Fink, 1905-1975)에 의해 저술들이 소개됨으로써 인간적 세계개념의 모든 관점으로 확대되었다. 란트그라베가 후설의 주관적 지평을 신체성에 결부시킴으로써 구체화시킨 반면, 핑크는 항상 더 강하게 초월적 발상과 거리를 두었으며, 세계를 존재의 계시로서 존재론적으로 해석했다. 그에 반해 인접한 학문들인 사회학 · 해석학 그리고 정신분석학은 현상학의 생활세계 구상을 현저하게 더 객관적으로 이론의 틀로서 활용했다.

그러나 생활세계개념은 그 고유한 발진(Durchbruch)을 1980년대

하버마스(J. Habermas)를 통해 경험한다. 그는 "생활세계"를 체계론적 사회학에 대한 그의 비판의 범위에서 근원적인 문화적 세계이해의 모델로 해석했다. 이 이해는 사회화의 모든 반실제론적(kontraktualistisch) 형식들의 근거에 놓여 있다. 하버마스에 앞서서 보수적 문화비판가가 행했던 것과 똑같이 그도 생활세계에 체계세계들을 대립시킨다. 하버마스가 그의 『의사소통행위이론』(1981)에서 말했던 것처럼, 합리화의 부수적 체계들로서의 이 체계세계들은 "생활세계의 식민화"로 이끈다. 이러한 이해하기 쉬운 유행어와 더불어 생활세계개념은 바로 구세주 신앙의 공명을 획득한다. 이 공명이 스스로 진보적이라고 이해하는 체계비판적이며 기술비판적인 좌파진영의 지식인들의 광범위한 사고로 이 개념이 진입하는 것을 허용했다.

하버마스가 제시하는 생활세계 구상의 이원론은 근본 의도에 연결된다. 이 의도는 후설이 초월적 현상학을 "발생적 현상학"으로 계속 발전시키는 과정에서 이 구상에 제공한 것이었다. 발생적 현상학은 민족학, 통속사회학 혹은 통속심리학의 경험적 의미에서 파악된 것이 아니다. 이 현상학에서 중요한 것은 삶의 실천적 실행들로부터 이론의 발생을 재구성함으로써 지식(Wissen)을 근거지우는 것(*episteme*)이다. 이러한 기획은 그 첫 번째 구체화를 현상학과 나란히 혹은 현상학에 기대어 1930년대부터 확립된 학문이론에서 채택되었다. 여기서는 단지, 나중에 "에어랑겐 학파"의 구성적 학문이론이 접목하는, 딩글러(H. Dingler, 1881–1954)만 언급될 수 있다. 하버마스 역시 그의 스승인 로타커(E. Rothacker, 1888–1965)의 소개로 먼저 '관심에서 인식'의 확립(Fundierung)을 추구했으며, 그와 동시에 이론적인 생활세계-구상을 따른다. 나중에야 비로소 하버마스는 이 길을 떠났으며, 규범적 · 윤리적 의도에서 사회적 세계의 구성으로 방향을 전환했다.

7.6. 현상학적 기술비판

하버마스가 여전히 「'이데올로기' 로서의 기술과 학문」(1969)이라는 주제와 더불어 시대정신에 충실한 반면, 블루멘베르크(H. Blumenberg)는 전혀 관심을 끌지 못했던 논문 「현상학의 시각에서의 생활세계와 기술화」(1963)에서 후설이 규명한 문제점을 인식했다. 이것은 '오늘날' 내지 '오늘날 다시금' 유전자기술에 대한 토론에서 감수성을 자극한다. "기술화"는 아직 실제적 의미에서 기술이 아니며, 그것은 자동화의 방식을 통한 항목별 명증성 공급이라는 압박에서 벗어나려는 인간 정신의 경향을 묘사한다. 또한 영향력이 풍부한 하이데거의 기술비판도 여기서 연원한다. 『존재와 시간』에서의 현존재 분석은 그 핵심에서 합리화 비판이며, 그와 동시에 기술문명에 대한 비판이다. 그리하여 하이데거의 "사고"가 관료제, 경제, 과학 그리고 기술 세계로부터 작별을 고하고 횔더린(F. Hölderlin, 1770-1843)이 예고한 신들의 회귀를 희망하는 것은 결코 우연이 아니다. 물론 이 회귀는 오늘날 까지 아직 도래하지 않고 있다.

여기에 계속해서 안더스(G. Anders, 1902-1992)의 기술비판과 매체비판이 연결된다. 그는 1923년 프라이부르크에서 후설의 지도 아래 박사학위를 취득했다. 혼란스러운 위협이라는 인상 아래에서 안더스는 전체 인류의 자기살해가 위협하는 1950년대를 묵시록적 상황으로 진단한다. 사멸을 삶에서 받아들이며, 그 안에서 '본래적으로-되어짐' 의 기회를 인식하는 최후의 시도를 나타내는 하이데거의 "죽음에의 존재"(Sein zum Tode)에 반하여 안더스에 따르면 존재망각성은 되돌릴 수 없으며, 묵시록은 불가피하다.

7.7. 단수 혹은 복수에서의 생활세계?

근거지음의 문제점은 후설을 '객관적으로 참된' [세계]와 생활세계의 역설적인 상호연관성에 주목하도록 만들었다. 이 통찰이 두 개의 존재방식을 "수수께끼"로 만든다. 그는 인간세계를 유일하며 그리고 모든 것으로 만드는 지평의 은유를 통해 인간세계의 위상을 서술하는데, "이 유일성에 대해 복수(複數)는 무의미하다."(Hua VI, 146)[14] 이 유일성에 마주하여 문화들의 상이성이 대립한다. 그리하여 '생활세계의 주제화가 "생활세계"가 단수에서 혹은 복수에서 적용가능한가' 라는 물음으로 첨예화된다. 후설은 생활세계는 참여자에게 단지 단수로만 존재할 수 있다는 것을 분명히 한다. 이것은 그것의 소박실재론이 자명한 것으로 간주되는 일상 경험의 보편적 구조로부터 생겨난다.

후설이 규명하는 생활세계의 선험적 기반(Apriori)은 특히 슈츠(A. Schütz, 1899–1959)에 의해 차별화되었다. 그는 미국의 미드(G. Herbert Mead, 1863–1931)에 기대어 지식형식들을 발생적으로(genetisch)도 구조적으로(strukturell)도 해석한다. 또한 이 노선에 탈근대적 구성주의도 활동한다. 이 입장은 세계들의 다원성을 문화종속적 상징체계로서 서술한다. 그러므로 항상 세계는 이미 재현에 종속적이며, 그리하여 문화들과 같은 많은 세계들이 존재한다. 이러한 해석주의적 세계개념의 대표자는 미국의 분석철학자 굿멘(N. Goodman, 1906–1998)이다. 그는 비록 카르납(R. Carnap)의 논리실증주의에서 출발하지만 그의 귀납문제의 유명론적 취급과 마찬가지로 "속행이

---

14 역주; 에드문트 후설, 『유럽학문의 위기와 선험적 현상학』(이종훈 옮김), 한길사, 1997, 251쪽.

론"(Theorie der Fortsetzung)은 현상학적 배경 없이는 이해할 수 없다. 여기서는 루만(N. Luhmann)도 언급될 수 있다. 그는 생활세계와 체계이론의 결합을 근본적 구성주의(der radikale Konstruktivismus)의 대안으로 이해한다.

단수 혹은 복수의 생활세계에 대한 논쟁은 어떤 차원에서 토론이 진행되는지를 분명히 하지 않는다면 당연히 아무런 성과도 기대할 수 없다. 경험적 개념으로서 "생활세계"는 단지 복수에서만 존재한다. 그에 대해서 민속학과 문화인류학은 압도적 증거를 제공했다. 그러나 현상학에서는 문화들에 대한 경험적 서술이 중요한 것이 아니며, "생활세계"는 인식론적 내지 학문이론적 프레임에서 원칙적으로 복수화를 벗어나는 경험양상의 발견술적 한계개념으로 작용한다. 말하자면 통일성과 다양성의 변증법이 존재한다. 이것을 후설은 자신의 직관주의적 발상을 통해 헛되이(vergeblich) 내지 단지 발상들로만(nur in Ansätzen) 지양하려고 시도했다. 그에 의해 추구된 "'세계가 미리 주어져 있다' 는 보편적 방식(Wie)에 관한 학문"은 "궁극적 근거들에 관한 학문"이어야 하는데, "그것은 모든 객관적 정초가 자신의 참된 힘 — 이 힘은 자신의 궁극적 의미부여로부터 나온다 — 을 창조한다."(Hua VI, 149)[15]

이 점에서 실용주의는 그 다원주의적 보편과 더불어 현상학적 관점을 넘어섰다. 세계들의 다양성은 제임스(W. James)에게 존재론적으로 의미된 것이 아니다. 여기서 중요한 것은 상이한 경험지평들, 즉 내적 관점으로부터의 그 자명함에서 "완전한 세계"로 경험되는 환경세

---

15 역주: 에드문트 후설, 『유럽학문의 위기와 선험적 현상학』(이종훈 옮김), 한길사, 1997, 256쪽.

계들이다. 실용주의는 이러한 상이한 세계들의 어떤 가능한 통일성을 후설처럼 절대적 "근원의미"(Ursprungssinn)에서가 아니라 의식 상태들의 이행들(Übergänge)에서 찾는다. 언어적으로 이것을 "그리고"(und)라는 단어가 대변하는데, 이에 대해 제임스는 다음과 같이 표현한다: "'그리고'(und)라는 단어는 모든 문장의 배후로 끌어당긴다. 어떤 것은 항상 외부에 머문다."(*Das pluralistische Universum*, 208) 이행들의 다원주의의 실용적 차원을 일목요연하게 설명하기 위해 제임스는 바뀌는 담지자들에 의해 흔들리는 저울대(Balken)의 이미지를 사용하다. 여기서 제임스는 후설이 아니라, 그를 헛되이 초월적 자아를 찾는 것으로부터 지켜주었던 베르그송에 관계한다.

후설 후기에 실행된 생활세계로의 전회가 직관주의에 의해 최종 근거지어진 학문이론으로 이끌어졌다 하더라도 그것은 아무런 성과 없이 머물고 있다. 비록 "위기"에 대한 후설의 텍스트가 1930년대 단지 정통한 사람의 작은 그룹에서만 접근이 허용되었지만, 이 텍스트들은 폭압의 시기에 정치적으로 더욱더 영속적으로 작용했다. 여기서는 단지 체코인 파토카(Jan Patočka, 1907–1977)만 언급하고자 한다. 그는 1933년 프라이부르크에서 동향인들과 함께 후설을 만났으며, 그 이후부터 세계에 대한 자신의 해석은 현상학적 구성이론을 지향했다. 후설의 마지막 조교인 란트그라베(L. Landgrabe)와 함께 그는 그 다음 해부터 프라하에서 프라하 철학회(Der Cercle philosophique der Prague)의 창립에 참여했다. 이 학회는 나치를 피해 탈출한 지식인들의 정신적인 피난처로 기여했다. 현상학의 영향과 연관해서 가장 중요한 사건은 후설의 초청이다. 이를 통해 프라이부르크에서 추방된 철학자가 1935년 11월 '위기'라는 주제로 일련의 강연을 행할 수 있었다. 1977년 사망한 파토카 자신에게 현상학은 두 번의 독재 정권 치하에서 정신적 자기보존을 위한 수단이었다. 현상학은 활동적 저항운동을 위한 지도는 제공하지 않았지만, 매일매일의 위태로운 실존을 고려할 때 인간들을 생활세계로부터 죽음의 세계를 형성하는 구조를 노출시킬 수 있도록 만들었다. 이는 그의 시대에 물리적으로 억압된 사람들과 정신적으로 주눅이 들었던 사람들에게 결코 쉬운 과제가 아니었다. 이 시각이 오늘날 매우 공허하게 들리는 후설의 문화비판의 파토스를 설명하며, 그리고 현상학의 역사적 평가에서 고려되어야만 한다.

프라하와 나란히 폴란드에서 인가르덴(R. Ingarden, 1893-1970)을 통해 현상학의 계속적 발전에서 나아간 자극들이 언급된다. 인가르덴은 1918년 프라이부르크에서 후설의 지도 아래 박사논문을 제출했다. 그의 관심은 후설의 초월적 관념론에서 벗어나 실재론적 존재론을 향해 있다. 이러한 노선에서 창출된 것이 독일 독문학계에 의해 가장 강하게 수용된 그의 저서 『문학적 예술작품』(1931)이다. 그는 지향적 대상으로서의 예술작품에서 여러 층위들을 구별한다. 이 구별에 따라 미학이 창작미학, 수용미학 그리고 작품미학 혹은 장르미학으로 차별화된다. 인가르덴은 문학적 허구의 위상을 후설의 판단론의 기초위에서 "사이비-판단들"(Quasi-Urteile)로서 규정하려고 시도한다. 이 시도는 독문학자 함부르크(Käte Hamburg, 1896-1992)에 의해 『시(詩)의 논리』(1957)에서 불충분한 것으로 논박되었다. 이는 인가르덴이 문학적 진술의 '무엇으로서-구조'(Als-Struktur)를 기만의 반사실적 관점(Als-ob)과 혼동했기 때문이다.

7.8. 보편적 문화철학

서구에서도 생활세계의 현상학은 2차 세계대전 이후 새로운 유형의 문화철학을 산출했다. 이 철학의 목표는 더 이상 자연과학의 기초놓기가 아니라, 현대적 인간의 자기이해와 관련하여 자연과학과 정신과학의 관계를 해석하는 것이다. 후설은 정신과학을 자연과학의 예인용 밧줄로부터 해방시키려고 했다. 정신과학은 보정의 기능(eine kompensatorische Funktion) 이상의 것을 가정해야만 한다는 것이다. "정신은 본질적으로 자기 인식을 수행하고, 학문적 정신으로 학문적 자기 인식을 수행하며, 이러한 것을 반복할 수 있는 능력을 지니고 있다. 순수한 정신과학적 인식을 통해서만 과학자는 그의 수행 작업이 스스로를 은폐했다는 반론에서 벗어날 수 있다. 그러므로 정신과학들이 자연과학과 동등한 권리를 지녔다는 격론을 벌이는 것은 불합리하게 전도된 것이다." (Hua VI, 345)[16] 객관주의에서 종결되는 의심스러운 동등한 권리에 씨름하는 대신 정신은 자기 자신에 대해 성찰해야 한다. 그렇게 하이데거 역시 "현사실성의 해석학"을 "항상 고유한 현존재" (je eigenen Dasein)의 해석으로 이해한다. 이것은 분석철학적으로 표현하면 일인칭 관점에서의 해석이다. 후설이 생활세계에로의 회귀적인 관계의 의미에서 말하는 "타당성 확립" (Geltungsfundierung)은 문화를 인간성의 자기이해로서 의식의 역사라는 시각에서(bewußtseinsgeschichtlich) 분석하는 문화철학적 관점의 방향으로 새로운 지평을 연다. 1933년 가다머(H.-G. Gadamer)는 이 관점을 다음과 같이 표현

---

16 역주: 에드문트 후설, 『유럽학문의 위기와 선험적 현상학』(이종훈 옮김), 한길사, 1997, 465쪽.

했다: "우리는 삼백년 묵은 채무를 갚아야만 한다. 삼백년 이래 우리는 우리 지식의 환상적 발전과 자연력에 대한 지배능력을 획득했다. 우리는 사실 이러한 힘의 올바른 사용을 위한 인간의 도야에서 단지 약간이나마 비교할 수 있는 것을 아무것도 갖고 있지 않다. 그런 연유로 오늘날 우리는 무한정 파괴적인 권력도구가 인간의 수중에 놓인 세계에 살고 있다는 것을 체험한다."(폴커 스틴블록 Volker Steenblock, *Theorie der kulturelle Bildung*, 307에서 재인용)

이런 의미에서 현상학은 학술적 철학이라는 전통적 영역을 점차 대체하는 문화철학의 현재적 형식으로 인도한다. 우리가 (단지 몇몇 만을 언급하기 위해) 가다머의 『진리와 방법』(1960), 푸코의 『사물의 질서』(1974), 블루멘베르크의 『근대의 정당성』(1966), 하버마스의 『의사소통행위이론』(1981), 로티의 『자연의 거울』(1979)과 같은 지난 세기 마지막 수십 년 동안의 저명한 철학적 저술들을 고찰하게 되면, 이것이 칸트 혹은 헤겔과 비교할 때 철학적 반성의 새로운 유형을 나타낸다는 것은 명백하다. 내용과 문체가 모두 다르다고 하더라도 그들에게 현상학적 근본 태도는 공통적이다. 이 태도에서는 표상가능한 가능성들의 영역이 조야한 현사실성보다 더 중요하다. 전통적 형이상학에서는 생각할 수 없는 경험적 · 역사적 서술들과 개념분석들의 혼융은, 그들에게 이 서술들과 분석들이 내재적 의미를 단념하게 만들려고 하는 현실성들에게 하나의 기묘한 비현실성이라는 성격을 부여한다. 초월을 상실함으로써(durch den Verlust der Transzendenz) 인간 스스로가 만든 문화적 세계는, 의미를 산출하지만 동시에 의미를 요구하는 의미부여의 매체가 되었다. 해독가능한 의미를 찾는 과정에서 이 서술들과 분석들은 모두 형이상학의 해석학적 변형으로서 현상학의 유산임을 부인할 수 없다.

오늘날 철학의 경쟁자로 자리잡은 문화과학의 융성은 이런 맥락에서 이해된다. 현대문화는 형이상학의 근본개념의 작별 혹은 적어도 변형을 요구한다. 바로 이것을 20세기에 현상학이 해석학과 분석철학보다 더 지속적으로 수행했다. 보편적 문화이론으로의 현상학의 확장은 1980년대 이래 존재론적으로 정향된 하이데거-후예들과는 다른 길을 걷는다. 예를 들면 오르트(Ernst Wolfgang Orth, 1936-)는 후설의 지각이론을 카시러의 『상징형식의 철학』과 결합시킨다. 문화과학적 변형은 아마도 현상학의 미래적 형태를 각인할 것이다. 여기서는 생활세계의 매체화 문제가 중심에 놓이게 된다.

8. 현상학의 미래: 보편적 매체이론

개별 현상학자의 저서를 소개하는 것과 달리 이 장(章)에서는 현상학 전체의 열린 성격을 고려하려 한다. 이 성격은 역사적으로 후설의 작업 정신(Arbeitsethos)에서 비롯되었다. "현대적 공동 연구 모임의 사고유형에의 동화. 더 이상 체계도 종결도 아니며 단지 한 영역 위에서 성장한 진보와 계속 연관성을 가지는 탐구[가 중요하다]. 비록 이 영역이 자신의 '내용들'(Gehalte)을 세계의 모든 분야에 신세를 지지만, 그러나 자신의 경계설정은 순수한 의식, 즉 가능적 의식의 신세를, 열중하는(arbeistsmäßig) 전진은 습득 가능한 방법, 소위 환원의 신세를 진다." 1958년 Fischer-Lexikon: 철학 도입 부분에서 헬무트 플레스너(H. Plessner)가 묘사한 이 특징은 그때와 똑같이 오늘날에도 타당하다. "습득 가능한 방법", 소위 환원은 항상 어려움을 야기한다. 특히 [현상학의] 직관주의적 단초가 근대의 방법 이상과 조화를 이룬다는 것은 매우 어렵기 때문이다. 구조학으로서의 현상학의 이념을 특징짓는 것으로는 문제를 해결하지 못한다. 후설과 하이데거를 비롯한 많은 학자들이 구조개념을 빈번하게 사용함으로써 용어가 제대로 고정되지 못하는 한계가 드러났다. “구조”는 “구성”(Aufbau), “분절된 전체”(gegliedertes Ganzes), “형태”(Gestalt)의 동의어로 사용된다. 그러나 구조와 지향성, 구조와 의의가 어떻게 서로 관계하는지는 해명되지 않은 채로 있다. 현상학의 미래적 형태는 이러한 물음이 어떻게 발전된 형태에서 답해질 수 있는가에 달려 있다. 어쨌든 현상학의 미래는 ‘전진하는 작업’(work in progress)으로서 창시자의 사고지평을 넘어선다. 그리하여 이 입문서는 고전적 현상학에서는 잘 알려지지 않은 영역에 대한 전망과 함께 끝을 맺게 된다. 그러나 이로부터 후설이 그의 전 생애를 통해 탐구했던 현실성이 문제가 되는지는 여전히 불확실하다.

후설 현상학의 새로운 프로필은 특히 생활세계의 현상학과 관련하여 이미 실행된 확장과 개조를 넘어, 분석철학과의 ‘논쟁’ 그리고 분석철학의 ‘배경’에서 그려진다. 이 발전은 존재론과 거리를 둔다는 점에서 생활세계의 학문으로서의 현상학에서 벗어난다. 단지 ‘경험이론’의 문제만이 이 학문을 ‘이해사회학’과 다른 것으로 만든다. 왜냐하면 “생활세계”는 경험적 현실과 ‘나란히’ 혹은 ‘배후에서’ 존재방식이나 고유한 대상영역이 아니라, 현실을 경험하는 특별히 인간적 방식이기 때문이다.

그러나 현상학의 새로운 프로필은 ‘생활세계-존재론주의’(Lebenswelt-Ontologismus)뿐만 아니라 렘베크(Karl-Heiz Lembeck, 1955-)와 같은 젊은 현상학자들도 선호하는 초월적 현상학의 계획과도 구분된다. 그렇지 않다면 “초월적”(transzendental)에 대한 이해가 모든 종류의 정신적 과정의 구조서술을 포괄할 만큼 넓게 확장된다. 그 경우, 현상학을 “초월적”이라 부를 수 있지만, 이때 주의해야 할 것은 그와 함께 정신의 자연화 경향이 배제되지 않으며, 선험적 토대

(das Apriori) 역시 상대화된다는 점이다. 이 상대화는 '최종근거지음' (Letztbegründung)에 대한 후설의 요구와 더 이상 양립할 수 없다.

8.1. 현상성의 매체

후설은 현상학이 어떤 방향으로 나아갈 것인지에 대한 암시를 했지만 지금까지 거의 관심을 끌지 못했다. 그의 『엄밀한 학으로서의 철학』이라는 강령적 저술의 각주에서 "현상성의 매체"라는 핵심적 표현이 발견된다. 이 표현은 텍스트에서 상세하게 논의된다(Hua XXV, 28ff.).[1] 의식의 흐름은 "모호한(vage) 주체성"으로 체험된다. 체험은 대상적이 아니며 단지 반성에서 직접적으로 주어진다. 그것은 "절대적 흐름에서, 자기 자신을 통해 자신으로서 나타난다." 딜타이는 존재와 현상 사이의 구별이 존재하지 않은 비대상적 현상방식을 이미 자신의 심리학에서 "깨달음"(Innewerden)으로 서술했다. 동시에 체험의 주체성은 주제화되지 않는 배경을 형성하며, 이 배경으로부터 엄밀학은 자신의 이론을 "규정하고" "구성한다". 의식흐름의 "모호한(vage) 매체"에서 객관적 의의들이 묘사될 수 있기 때문에 "현상들의 흐름"은 항상 자기 자신에 머물러야만 한다. 즉 대상적 현실과 구별되는, 그러나 두 측면에 의해 제한되지 않은 영역을 형성해야만 한다: 의식에서 "우리는 (각각 흐름에서 통일체로서, 그리고 그 자체가 흐름에서 파악된)

---

1 역주: 에드문트 훗설, 『현상학의 이념; 엄밀한 학으로서의 철학』(이영호, 이종훈 옮김), 서광사, 1988, 177쪽. 여기서는 "현상성의 이 매개"라고 번역되어 있다.

현상에서 현상으로 나아가며, 현상과는 다른 것에 도달하지 않는다." 그와 동시에 후설은 의식의 흐름이라는 은유에 새로운 의미를 부여한다. 근본개념으로서의 지향성은 여전히, 그 적용이 이미 행위하는 주체를 전제하는 활 혹은 망원경과 같은 목표 지향적 도구의 모델에 정향하고 있는 반면, 흐름은 특정한 의도들과 내용들에 독립적인 익명의 과정으로 기능한다.

동시에 '이 과정이 "정신적"(mental)이라고 분류될 수 있는지'라는 물음이 제기된다. 이 분류는 매우 어렵게 파악될 수 있는 자존적 실체의 요청(Postulat)을 지시한다. 그런 연유로 제임스(W. James)는 후설 의식이론의 본래의 모범인 브렌타노와 함께 의식의 존재를 문제시했다. 이를 통해 제임스는, 그가 "순수한 경험"이라 부르고 오늘날 "정보"라고 하는, 현상성을 부인하는 것은 아니다. 그러나 그는 의식이 '신념들의 기능과 관계'와 다른 것이 아니라고 주장했다. 심리학자 제임스에게 이것들은 인간의 현실을 만드는 자료이다. 여기에 현상적 의식을 "정신적" 대신 "매체적"이라고 특징짓는 암시가 있다. 이것은 물론 매체를 '정보처리체계'로 이해한다는 전제에서 그러하다.

먼저 이것은 "현상성의 명제"를 다르게 표현한 것처럼 들리지만, 매체성(Medialität)의 의미에서 이 명제를 넘어선다. 여기서 "매체"는 먼저 보편적 의미에서 주체와 객체사이의 매개의 심급을 의미한다. 물론 이때 전통적인 인식론적 문제제기의 의미이동이 결합되어 있다. 주체와 객체 사이의 '관계'는 직접적으로 체험할 수 있는 것으로서 '관계항'(Relata)에 선행한다. "그로써 인식론의 우위는 철폐되었다"고 현상학자 발덴펠스가 올바르게 지적하고 있다("Experimente mit der Wirklichkeit", in: *Medien, Computer, Realität*, hg. von S. Krämer, 217). 그러나 그것으로 충분하지 않다. 매체개념은 구조개념을 특징짓는다. 이 구조개념은 게슈탈트이론(Gestalttheorie)[2]의 의미에서 순수하게 객관주의적으로 사용된다. 비록 매체가 항상 구조화되지만 그것은 단순한 구조로부터 어떤 의의를 재현하고, 그를 통해 자신(매체)을 넘어선다는 점에서 구별된다. 정확히 이것이 지향적 의식에 해당된다. 이 의식은 직접적으로 초월적 대상들에 관계하지 않지만 항상 "인식의미"(Erkenntnissinn)를 통해 매개된다(Hua II, 22).

의식을 매체로 규정하는 것은 후설이 스토아학파의 논리학으로부터 물려받았으며, 초월철학의 주체-객체-이원론을 넘어서는 '인식체험', '인식의미' 그리고 '인식객체'라는 세 가지 구분과 일치한다. 그러나 동시에 '순수하게 그 자체로 반응하는 주체'로서의 초월적 의식의 행위이론적 해석은 탈락된다. 반면 후설에게 주체의 활동성, 즉 지향적 종합은 피히테(J. G. Fichte, 1762-1814)의 의미에서의 자유로운 사행(事行, Tathandlung)[3]이 아니라, 오히려 자아가 벗어날 수 없는 지시 체계에 의해 연결된 것으로 머문다. 후설은 "지평의 지향성"에 대해 말한다. 의식의 자기 자신으로부터의 출현(Herausgehen)은 활동공간을 허용하지만 완벽하게 지양할 수 없는 구조에 결합된다(Hua I, 83). 바로 여기에 현상적 의식의 매체적 기능이 놓여 있다. 지

---

2 역주: 게슈탈트이론이란 지각이 자극의 총합이 아니라 독자적인 통합체를 가진다고 주장하는 심리학의 입장을 의미한다. 원래는 20세기 초 독일에서 시각을 연구한 심리이론이지만, 더 넓게는 그 전까지 주류였던 요소주의적 과학관에 대항해 전체론적 관점을 대변하는 조류를 의미하기도 한다.

3 역주: 칸트철학의 후계자 피히테(J.G. Fichte, 1762-1814)는 자아의 본질을 「순수한 작용」으로 규정하고, 자아의 작용을 사행(事行, Tathandlung)이라고 부르며, 「자아는 절대적으로 자기 자신을 정립한다」(제 1명제, 定立 These)고 했다. 증명되거나 규정되는 것이 아닌 모든 의식의 근거에 있으면서 그 의식을 가능하게 하는 그런 사행(Tathandlung)을 표현해야만 한다. 그것은 데카르트의 「나는 생각한다. 그러므로 나는 있다.」와 마찬가지 의미의 명제였다.

각된 대상들에 대한 친근함은 일치(Einstimmigkeit)의 체계로서의 의식이 창출하는 간격에 근거한다. 왜냐하면 현실이 직접적으로 자극(Reiz), 즉 어찌할 수 없음(Unverfügbarkeit)으로 경험되는 곳에서 현실은 인식을 벗어나기 때문이다.

우리가 매체를 일반적으로 직접적 소여의 차별화와 분절화(Gliederung)를 실행하는 의의담지자로서 이해한다면 의식에게 실제로 매체의 위상을 부여할 수 있다. 이때 자연적이고 내적인 매체가 중요하며, 이것은 모든 인위적이고 외적인 매체에 선행한다. "자연적"이라고 하는 것은 예를 들면 필름과 같은 인위적 매체와 달리 현상에 드러나지 않는다. 그런 연유로 현상성의 매체는 지각에 대한 고대의 이미지 이론(Bildtheorie)과 혼동되어서는 안 된다. 이 이론은 의식을 용기 혹은 카메라 옵스큐라(Camera obscura)로 파악한다. 현상적 의식의 매체성은 구조적 · 기능적 의식개념에 고착하지만, 그러나 이것을 재현의 주관적 측면을 참작함으로써 확장한다. 이는 후설이 『형식논리와 선험논리』에서 기호이론(Zeichentheorie)과 의의론(意義論)을 플라톤적 이데아의 하늘에서 체험 현실의 지상으로 불러오는 것과 같다. 그리하여 그는 "항상-다시-할 수 있음"(das Immer-wieder-können)과 "기타 등등"(das Und-so-weiter)을 의의형성의 반복적인 근본 형식으로 부른다. 이 형식들은 명백히 기술적 복제가능성의 전자 매체에게 구성 형식을 제시한다.

현상성을 매체적으로 파악하는 것은 형상적 환원을 넘어 "새로운 무한한 존재영역"으로서의 지향적 의식을 발굴한다고 하는 초월적 환원의 비밀을 해결한다(Hua I, 11). 그 안에서 경험적 자아를 포함한 모든 경험적 소여는 해체된다: "말하자면 나에게 자아도 심리적 행위도, 심리학의 의미에서의 심리적 현상도 존재하지 않는다. 또한 나에게 인간으로서의 나도 존재하지 않으며, 심리물리적 세계의 구성요소로서의 나의 고유한 사유(cogitationes)도 존재하지 않는다." (Hua I, 10)[4] 현실로부터 어떤 흐름도 꿈의 영역으로 흘러 들어가야 하지 않는다면 경험적 존재의 자기해체는 모든 인상들을 선입견 없이 개방하며, 자신을 그렇게, 사물을 '있는 그대로' 서술하는 매체로 만드는 것에서 가능할 수 있다. 이런 의미에서 "초월적"이라는 것은 정확히 "매체적"이라는 것과 같으며, 초월적 현상학은 매체의 현상학이다. 의식의 매체화에서 후설은 현실의 우연성을 극복할 수 있는 기회를 인식했다: "그러나 그 대신에 나는 나를 획득했으며, 이제 나를 홀로 순수한 삶과 순수한 능력을 가진 그러한 순수한 자아로서 획득했다. 이 자아를 통해 나에게 이 세계의 존재와 그때그때의 그러한 존재(So-Sein) 일반이 의미와 가능한 타당성을 가진다."(같은 곳) 후설에 의해 환기된 주체성의 "순수성"은 더 이상 인간적인 것도, 그렇다고 신적인 것도 아니다. 오히려 그것은 그것의 흐르는 시간성에서 하나의 매체이다. 동시에 이 "매체를 통해" 현실과 함께 의미(Sinn)와 의의(Bedeutung)가 나타난다.

8.2. 매체와 환경세계

초월적 의식이 경험적 주체를 넘어서기에 나중에 후설이 "현상성의 매체"를 익명적 생활세계의 경험으로 확장하는 것에는 모순이 없다.

---

4 역주: 우리나라에 번역된 『데카르트적 성찰』(이종훈 옮김, 한길사, 2002)에는 파리강연 원고가 빠져 있다.

여기에서 "매체"라는 단어의 의의(意義)가 역할을 하는데, 보통 현대 매체이론은 이 의의를 전혀 고려하지 않는다: 그 안에서 삶이 펼쳐지는 물, 공기 등과 같은 환경세계로서의 질료 혹은 요소로서의 매체. 생물학적 환경세계론의 창시자인 윅스퀼(Jakob von Uexküll)은 그의 『의의론』(*Bedeutungslehre*, 1940)에서 환경세계를 "그 모든 부분에서 주체에 대한 의의를 통해 규정되는, 그 자체로 폐쇄된 통일체"(109)로 묘사한다. 그리고 공간과 시간과 나란히 환경세계를 그 안에서 의의들이 결정화(結晶化)되는 "제3의 다양성"이라고 부른다(158). 환경세계를 형성하는 매체는 "의의담지자"로서 기능하며, 유기체와 매체의 조화는 확고한 "의의규칙"(132)들에 달려 있다. 윅스퀼에 의해 유기체적 삶에 대해 서술된 것을 후설은 정신적 삶에 적용한다. "전적으로 그 자체만으로 완결된 주관적인 것의 영역"(Hua VI, 114)[5]으로서의 생활세계는 매체의 위상을 가진다. 이는 자명한 것의 완결성이 세계가 의미형태와 의의들의 세계로 경험되는 것을 위한 전제조건을 제공하기 때문이다. "보편적이며 최종적으로 기능하는 주체성"으로서 생활세계의 경험은 외적인 '최후의 매체'(Letztmedium)를 형성하는데, 이것은 비트겐슈타인의 삶의 형식에 견줄 만하다.

매체적 기능은 생활세계의 자명성과 '주제화되지 않은 것'(dem Unthematischen)으로부터 생겨난다: "이 생활세계는 단순한, 전통적으로 그렇게 경멸적으로 취급된 속견(*doxa*)의 세계와 다를 바 없다."(Hus VI, 465) 속견의 왕국으로서의 생활세계는 자신의 형식에 따라 매체세계로서 인식된다. 이는 속견의 현대적 형식이 사념들

5 역주: 에드문트 후설, 『유럽학문의 위기와 선험적 현상학』(이종훈 옮김), 한길사, 1997, 209쪽.

(Meinungen)을 형성하고 인간의 행동방식으로 정치적 결정에서부터 생활양식에 이르기까지 조종하는 매체들이기 때문이다. 그것의 "자명한, 알려진-알려지지 않은(selbstverständliche, bekannt-unbekannte)"(Hua VI, 461) 현전을 통해 매체들은 인간을 미혹시키고 그들에게 직접적으로 다가가지만, 실제로는 단지 매개의 양상들만 제공한다. 여기에 후설이 추구했었으며, 그의 입장에서는 선(先)반성적 의식의 심층에 숨겨져 있는, '진정한' 현실이 놓여 있다. 존재론적으로 지금까지 화이트헤드(A. N. Whitehead, 1861–1947)의 『과정과 실재』(*process und reality*)에 대한 탐구된 대응물이 생겨나지 않았다. 이 텍스트에서는 구조화된 전체로서 세계가 매체의 위상을 보유한다: "매체로서의 세계"(World as a Medium)(Part IV: *The Theory of Extension*).

8.3. 타자 현상학

후설이 생활세계의 경험을 "존재 타당성(Seinsgeltungen)의 결코 멈추지 않는 흐름, 즉 그것의 변화와 교정에서, 단순히 주관적이며 상대적이고"라고 서술한 것은 당연히, 그 위에 객관적 학문이 전개될 수 있는 "토대"라는 은유에 그렇게 잘 들어맞지 않는다. 여기서 데카르트주의의 '토대 은유'의 한계, 확고부동한 토대의 이념의 한계가 드러난다. 이 토대는 여전히 비트겐슈타인에게도, 의의형성의 삽이 [뚫지 못하고] 구부러지는, "암석"(Fels)으로 등장한다. 반면 후설의 서술은 그것의 "보편적인 구조"가, 근원과 목표에 대한 표현을 부정하는, 정상상태(Fließgleichgewicht, steady state)[6]의 구조인 헤라클레이토스의 흐름을 인식하게 한다. 의견들의 흐름은 시작도 끝도 없다. 인간은 항상 이 흐름 속에 처해 있다. 이것이 생활세계적 경험의 "구조적인 선험적 기반"(das strukturelle Apriori)을 형성한다. 이 선험성은 더 이상 통각(ich denke)으로부터 추론되지 않는다.

그러나 후설 자신은 토대의 한계와 '구조적 선험성'의 사이에서 최종 결론을 내리지 않았다. 정신적인 "근원적 수립"(Urstiftung)으로 환원되어야 할 "발생론적 현상학"이라는 그의 구상과, 아울러 역사에서 모든 우연성의 배후로 어떤 "근원의미"(Ursprungssinn)를 발견하고자 하는 그의 "역사적인 선험적 기반"(historisches Apriori)은 후설이 사물의 변화에서 항상 영원한 것을 찾고 있다는 것을 알게 해준다. 또한 그는 정신사(die Geistesgeschichte)가 삶의 의지와 정치적 권력 의지의 매체라는 사실을 인식하지도, 인식하려 하지도 않았다. 그는 인간이 원래 문화적 존재이며 문화는 항상 상징적 형식 혹은 방법들에 종속되어 있다는 철학적 인간학에 의해 확인된 사실을 거의 고려하지 않는다. 그리하여 "발생적 현상학"의 이념은 단지 매체적 연결의 이론으로서만 관철될 수 있다.

후설의 초월철학을 매체적으로 변형함으로써 의식개념에 대한 현재의 논의로 연결될 가능성이 주어졌다. 현재의 논의는 데카르트의 유심론(Mentalismus)에 반해 '방법적으로는' 내성법의 관점을 떠났으며, '내용적으로는' 현상성의 상징적 형식들을 고려한다. 상이한 서술

---

6 역주: 정류상태(定流狀態)라고 불리기도 하는데 "수송현상과 화학 반응에서, 변화는 확실하게 진행하고 있으나, 변화의 속도가 일정하게 유지되고 계의 상태를 규정하는 변수가 시간적으로 불변한 상태를 말한다." 이 용어는 물리, 화학 등의 기초과학뿐만 아니라 양자역학, 환경공학, 핵물리학 등 다양한 분야에서 사용되는데, 심지어 우주의 질서를 유지시켜주는 궁극적인 상태를 의미하기도 한다.

차원에서 외부에서 현상에 접근하는 경험적 의식의 탐구는 매체개념을 정확히 야기하는 체험의 구조에 대한 동형(同形, Isomorphien)을 발견한다. 또한 정보처리기계로서의 정신의 컴퓨터이론으로 이끌었던 인공두뇌학의 의식 모델도 매체라는 발상에 종속되게끔 한다. 왜냐하면 이 발상은 현상성을 인과적 연관들에 환원하는 것이 아니라 프로그램화의 소프트웨어 차원에서 전개하기 때문이다. 이 차원은, 구조주의가 그것을 자연언어에 대해 정식화한 것처럼, 형식형성의 규칙들에 의해 생겨난다. 이를 통해 매체성은 후설의 초월적 현상학과, 미국 심리철학의 주요저자인 다니엘 데넷(Daniel C. Dennett, 1942–)이 『해명된 의식』(*Consciousness Explained*)(1991, 독일어 제목, Philosophie des menschlichen Bewußtseins, 1994)에서 발전시킨 "타자 현상학"(이형異形현상학, Heterophänomenologie)사이의 가교를 형성한다.

8.4. "매체는 메시지이다"

"현상성의 매체"라는 후설의 표현은 모든 특수한 매체들의 기초가 되는, 오늘날 일반적으로 인정된 매체 정의로 번역된다: 매체는 그 자체로 완결된 구문론적 체계이며, 이 체계는 자신을 구조화함으로써 자기 자신과는 다른 어떤 것을 나타낸다. 맥루한(M. McLuhan, 1911–1980)의 유명한 공식 "매체는 메시지이다"(The medium is the message)에 따르면 의의는 내용이 아니라 매체의 형식 혹은 구조에 놓여 있다. 당연히 저자의 의도가 항상 어떤 역할을 수행한다. 그러나 이 의도는 바로 현대 대중매체에서 매체 자체가 발산하는 매혹에 의해 가려진다. 여기에 지향론적으로 정향된 사상가가 계획한 도발이 놓여 있다. 이것을 맥루한은 주체 자율성의 파괴로 비난한다. 이는 특히 그가 매체의 실질적 측면에 대해 이론을 구성하기 때문이다. 그래서 매체와 도구의 구분이 날카롭게 이루어질 수 없다. 그러나 이것이 이론의 약점이 아니라, 오히려 인간에게 의의형성은 항상 화용론적 차원을 가지고 있다는 것을 드러낸다. 비로소 이론적 조망에서가 아니라, 망원경이 감각기관의 수용력을 확장시키는 것과 같이 인간은 도구들(Artefakten)을 다루면서 자신의 세계를 "인지세계"(Merkwelt)와 "작용세계"(Wirkwelt)의 교차로서 해명한다.

그런데 맥루한은 매체들이 바로 자신의 도구적 형식에서 특히 주제화되지 않은 채 머문다고 정확히 통찰한다. 이러한 매체를 사용하는 사람들, 특히 전자 매체의 수용자는 매체들의 형식을 통해 자연적 경험에서 벗어난 세계의 모습이 그들에게 새겨지는 것을 지각하지 못한다. 그러나 이것은 맥루한의 입장에서는 작위적 조작으로 역행하는 것이 아니라, 오히려 이것이 이미 감각지각에 미리 새겨진 것처럼, 매체 자체의 본성에서 생겨난다. 이런 의미에서 맥루한은 근거(Grund)와 외관(Figur)이라는 관계를 통해 형태심리학적 공식을 설명한다: "매체는 숨겨져 있지만 내용은 공개적이다. 그러나 고유한 작용은 숨겨진 근거에 기인하는 것이지 외관에 기인하는 것은 아니다. 결코 알아차릴 수 없는 (하나의) 근거에 의하여."(*I ain't got no body*. Gespräch mit Louis Forsdale, in: *Das Medium ist die Botschaft*, 9)

이것은 현상학적 탐구에서 지금까지 다루어지지 않은 내용이다. 맥루한은 그의 핵심적 표현의 의미를 후설과 하이데거의 현상학을 통해 설명한다: "그것들이 누군가에게 말해야만 하는 모든 것은 각각의 상황의 배후에 간접적으로 표현되는 다른 상황이 숨겨져 있다는 것이다.

이러한 간접 표현이 현상학이다. 그에 대해 나는 간략하게 말한다: '매체가 메시지이다' – 또는 외관과 근거이다. 근거는 외관을 통해 드러난다. 또는 외관은 근거를 통해 드러난다. 두 가지가 나올 수도 있다. 그러나 이것은 현상학적인 것을 형성하는 비춤(Lichtung)의 과정이다."(38) 맥루한은 그의 마지막 저서, 즉 유고(遺稿)로서 『매체의 법칙』(*Laws of Media*)(1988)이라는 제목으로 출간된 텍스트에서 심지어 매체의 현상학이라고 부르려 했다. 유감스럽게 그렇게 되지는 못했다. 그러나 매체의 현상학은 후설 현상학이 출발점으로 삼았던 방법적 유아론(Solipsmus)과 결별했으며, 매체를 "감각지각의 조직화의 역사적 선험성"으로 묘사했다는 근거가 있다.

현상학이 매체이론에 비추어 고찰되면 이것이 얼마나 후설의 자기이해에 반해 이성중심주의의 해체를 위한 길을 터주는 지가 분명해진다. 처음에 후설은 의식의 통일성에 대한 초월철학의 물음을 신칸트주의에 기대어 표상들의 종합으로서의 지향성을 통해 해명하고자 했다. 그러나 그는 점차 행위의 확인가능한 주체로서 "초월적 자아"를 전제하지 않고 활주하는 지향성의 가정을 벗어난다. 게다가 후설은 이미 칸트의 종합이론에 대한 비판을 수행했으며, 지각의 예를 들어 칸트가 "종합"을 가정하는 곳에서 실제로 분석, 즉 주어진 무규정적 전체 인상의 분절(Gliederung)이 존재한다는 것을 분명히 했다. 후설은 내적 시간의식에 대한 분석에서 행위하는 주체의 통일성이라는 전제로부터 더욱 더 멀어진다. 행위의 위치에 표상의 계열에서의 연속성이 등장한다. 그러나 이 연속성은 동질적이지 않다. 오히려 중요한 것은 구조화의 상이한 정도를 가리키는 이질적 연속체이다. 바로 이것이 의식을 매체로 만든다. 이 매체는 산출하지 않으며, "정립하지"도 않으며, 단지 차이를 만들고 그를 통해 세계를 규명한다.

8.5. 현상적 의식의 활력소로서의 상상력

현상학의 활력소로서의 상상력에 대한 후설의 평가는 현상학을 매체이론으로 해석하는 방식에 대한 '직접적 증명'을 제공한다. 이는 상상력이 소여를 자유롭게 변경할 수 있는 능력이기 때문이다. 이 자유 변경(die freie Variation)이 실제적 지각가능성을 논리적 사고 가능성과 구별해서 조명한다. 아도르노의 비판은 현상학을 매체이론으로 해석하는 방식에 대한 '간접적인 증명'을 제공한다. 그는 후설 현상학이 "가상의 필연성"을 가시적으로 만든다고 비난한다(*Zur Metakritik der Erkenntnistheorie*, 193). 그러나 아도르노가 비판으로 제기한 것을 좀 더 면밀히 고찰해보면 그것은 오히려 강점으로 입증된다. 그 이유는 가상의 필연성이 니체의 허구주의(Fiktionalismus)의 의미에서 말해진 것이 아니기 때문이다. "반사실적 관점"(Als-ob, as-if)이 아니라 "무엇으로서 봄"(Sehen-als)이, 감각자료의 연속체보다 더 한 것인, 의식을 매체로 만든다. 후설은 현상을 "그러한 것으로서 본질필연성에서 감각의 형태를 구성하기 위해 허구를 실행하는 정신적 경과들"(Hua VI, 114)이라 부른다. 의식의 흐름은 그 구조화를 통해 의의 기능을 실행한다. 이 구조화가 의식의 흐름을 주위와 분리하지만, 동시에 이 주위를 재현한다. 정확히 이것이 매체의 실행이다. 이 실행의 법칙은 그 형태론적 성격을 통해 자연법칙과 구분된다. 매체법칙은 재현의 구조법칙이다. 이 법칙은 어떻게 내적 시간의식의 연관 형식에서 의의들에 대한 관계를 포함하는지를 설명한다. 기호학의 개념들로 표현하면 다음과 같다: 언어에 유비하면 의식은 표상들에 대한 구문론적 체계를 형성하며, 이 체계에서 주체가 외적 그리고 내적 환경세계의 메시지의 송신자와 수신자로서 동시에 기능한다.

후설의 영상(Bildlichkeit) 분석은 의식의 매체적 구조의 구체적 전환에 대한 하나의 실례를 제공한다. 그러므로 이미지 지각(Bildbewußtsein)은 단지 유사성의 지각에서만 기인하는 것이 아니라 실재적인 이미지 담지자(예: 캔버스)와 모사된 대상(예: 코끼리)사이의 "저항"(Widersteit)에서 생겨난다. 후설은 이 저항을 해소하기 위해서(코끼리는 캔버스가 아니라 몸체로 이루어졌다) 현실과 표상 사이의 세 번째 차원을 가정한다. 이 차원은 의미론적으로 "인식의미"에 상응하며 퍼어스(Charles S. Peirce)의 삼각 기호모델에서 ("표상체"과 "대상체"와 나란히) "해석체"(Interpretant)라 불린다.[7] 이것이 이미지를 현실의 복사와 부합하지 않는 서술의 매체로 만든다. 샥스-홈바하(Klaus Sachs-Hombach)에 의해 확립된 새로운 "이미지학"(Bildwissenschaft)은 현상학적 서술과 기호학적 서술을 서로 결합시킴으로써 이러한 매체의 노선에서 전개된다.

8.6. 감정의 매체에서

현상학을 매체적으로 해석하는 방식은 후설 저작에만 국한되지 않는다. 그것은 셸러의 가치현상학에서도 입증된다. 감정과 느낌, 감정 상

7 역주: 이미지 기호에 대한 논의는 우선 기호에 대한 논의에서 출발했다. 영화에서는 도상적, 지표적, 상징적 기호들이 사용되며, 특히 도상-지표적인 기호들이 중심을 이룬다. 이런 의미에서 퍼스(Charles Sanders, Peirce)의 기호학이 이미지를 분석하는 데 유효하다고 할 수 있다. 퍼스는 기호를 표상체(Representamen), 대상체(Object), 해석체(Interpretant)라는 요소로 만들어진 삼원적인 존재로 규정했다. 또한 기호를 도상기호(Icon), 지표기호(Index), 상징기호(Symbol)로 구분하여 이미지 연구에 많은 시사점을 제공하고 있다.

태와 지향적 감정에 대한 그의 구별은 감정이 가치가 경험되는 매체를 형성한다는 것으로 해석하게 한다. 지각의 객관적 대상들이 표상들의 정렬된 흐름에서 구성되는 것과 같이 감정들의 연속에서 가치가 구성된다. 그러니까 표상과 감정은 우리가 주위를 가치들의 세계로 경험하는 두 가지 동근원적 매체이다. 그러므로 가치경험을 대상지각보다 우선시하는 근거들이 있다. 이것이 가치 자체에게 허구의 위상을 부여하지만, 이것은 기만이 아니라 인간적인 세계-내-존재의 서술이라는 의미에서 그러하다.

감정이라는 매체의 법칙은 대상 표상의 법칙보다 더 어렵게 인식될 수 있다. 감정(들)은 감각인상처럼 동질적인 것이 아니며, 그리하여 표상처럼 엄격하게 구분하도록 허용하지 않는다. 베르그송이 이미 『의식에 직접적으로 주어진 것』에서 논의한 것처럼 감정(들)은 서로서로 관통한다. 예를 들면 사랑과 증오는 감지하지 못하게 서로 뒤섞인다. 후설이 여기서 현상성의 매체의 특징을 "비규정적"이며 "애매한" 것으로 묘사한 것은 매우 적절하다. 질적으로 규정된 감정상태가 어떤 도식에 따라 객관적 가치로 바뀌는지에 대해서는 셸러에게서 단지 발상 정도로만 드러난다. 그에 의해 묘사된 "선호"(Vorziehen)의 현상이 암시하는 것처럼 인간에게 유의미한 것, 그의 삶의 의지에 일치하는 것의 선택이 중요하다. 초월적 의식이 단지 자신의 구조에 어울리는("해독가능성", Lesbarkeit) 내용들만 받아들이는 것과 같이 본능적 충동의 상상력은 단지 고유한 이해관계에 도움이 되는("실현가능성", Realisierbarkeit) 이념들을 실현한다. 그러므로 셸러의 매체법칙은 실현의 규칙, 즉 감정의 촘촘함("수집", Sammlung)과 이동("승화", Sublimierung)을 서술하는 느낌으로 구성된 재현의 규칙이다: "이른바 형상법칙(Gestaltgesetze), 즉 발생과정의 어떤 시간의 리듬을, 그리고 다시 이것에 의존하는 것이지만, 물체적 현존재의 어떤 정태적(statisch) 형상을 지시하는 법칙은 진정한 존재적 법칙으로 입증될 것이다." 고 『우주에서의 인간의 지위』(67)[8]에서 『인식과 노동』이라는 저술을 참고하면서 표현한다. 이 저술에서 셸러는 "환경세계-이미지들"(Umweltbilder)의 의식초월적(bewußtseinstranzendenten) 존재를 전제하는 지각의 이미지이론을 전개한다(『인식과 노동』, 140쪽 아래). 셸러에게 이미지들의 존재론적 위상은 의식과 질료사이에서 움직이며, 그를 통해 전적으로 "매체적"이라 묘사할 수 있다.[9] 이 점에서 클라게스(L. Klages, 1872-1956)의 '이미지 존재론' (Bildontologie)과 일치한다. 이 존재론은 현상학에 근접하지만 단지 드물게만 고려된 것이다. 이는 존재론이 너무 생기론적으로(vitalistisch)("이미지들의 행진", Zug der Bilder) 정향되어 있기 때문이다.

8.7. 사건과 이야기 사이에서의 현존재

하이데거는 감정들(Gefühle)이 세계해명의 매체로서 작용한다는 사실을 자신의 현존재 분석의 중심에 놓았다. 오늘날 우리는 사고의 정서적 기초로서의 "감정논리"(Affektlogik)[10]에 대해 말한다. 하이데거의 세계에 대한 이해는 항상 "기분"과 결합되어 있다. 이해라는 작업

---

8 역주: 막스 셸러, 『우주에서의 인간의 지위』(진교훈 옮김), 아카넷, 2001, 112쪽.

9 역주: 텍스트(들)마다 'Bild(er)'를 '이미지(들)', '그림(들)', '영상', '형상(들)'이라고 다르게 표기하고 있다. 여기서는 매체이론과의 연관성을 부각시키기 위해 '이미지(들)'라고 통일해서 표기한다. 이에 대해 막스 셸러, 『지식의 형태와 사회 2』(정영도 · 이을상 옮김), 한길사, 2011, 162쪽 참조.

10 역주: '정서논리체계'라 번역되기도 한다.

(활동)을 그는 "해석"(Auslegung)으로 풀이한다. 초월적 의식의 종합과는 달리 해석은 서사적으로 진행된다. 역사(들)은 처음에는 비규정적인 소여를 시작, 중간 그리고 종결로 구분한다. 하이데거는 선(先)개념적 해석의 규명 기능을 다음과 같이 서술한다: "해석은 흡사 벌거벗은 현전(現前)에 하나의 '의의'(Bedutung)'를 던져주어 그것에 하나의 가치를 붙여주는 것이 아니다. 세계내적으로 만나게 되는 것 그 자체는 그때마다 이미 세계이해에서 열어 밝혀진 사용사태(Bewandtnis)에 쓸모가 있는 것이며, 이 사용사태가 해석에 의해 밖으로 끄집어내져야 한다."(『존재와 시간』, 150)[11] 그러므로 세계가 인간의 지각과 태도를 통해 언제나 이미 우호적 혹은 적대적으로 구분되어 경험된다는 단순한 사태가 관건이다. 반면 학문적 인식으로 이끄는 진술에서의 세계의 언어적 해명은 생활세계의 경험에서 자신의 토대를 가지는 이차적인 현상이다.

하이데거에 있어서 "밖으로 끄집어냄"(Herauslegen)을 의미하는 해석의 "무엇으로서 구조"(Als-Struktur)는 그의 세계개념이 매체적 본성이라는 사실에 대해 어떠한 의심도 허락하지 않는다. 여기서 매체는 행위매체와 서술매체라는 이중적 의미로 이해되었다. 하이데거의 언어로 표현하면: "그리고 다시금 세계-내-존재는 존재론적으로 현존재의 존재라는 구조 전체 속에 묶여있다(...)"(『존재와 시간』, 209).[12] 구조개념과 더불어 존재론주의는 매체적인 것으로 변형된다. 하이데거는 이를 '개시성'(開示性, Erschlossenheit)이라 부른다. 왜냐하면 매체는 현실을 창출하지 못하지만, 현실을 가시적으로 만들고 밝

11 역주: 마르틴 하이데거, 『존재와 시간』(이기상 옮김), 까치, 1998, 208쪽 참조.
12 역주: 마르틴 하이데거, 『존재와 시간』(이기상 옮김), 까치, 1998, 283쪽.

히기 때문이다. 그렇게 현존재는 의식의 위치에서, “존재”가 서술되는 다중매체(Multimedium)로서 기능한다. 왜냐하면 “존재의 의미”는 현상하려 하는 것, 즉 가시적으로 되려는 것이기 때문이다. 그를 위해 인간적 현존재가 필요한데, 이 현존재에게는 자기 자신보다는 “존재”(신학적으로 표현하면 신)가 관건이 된다. 이런 견지에서 현존재를 통한 존재자의 “발견”, 존재에서 현존재의 “개시성”, “비춤”으로서의 진리라는 하이데거의 번성하는 은유론은 의미론적으로 재음미할 수 있는 의미를 획득한다. “현존재”는 각각이 스스로 형성해야만 하는 삶의 경험의 ‘상황의미론’(Situationssemantik)을 대변한다. 하이데거가 “실존론적 현존재 분석”이라고 부르는 것의 특별함은 “존재론적 차이”의 절단면으로서의 인간적 삶의 매체적 기능을 서술하는 데 있다.

(이미 위에서 언급된) 샤프(W. Schapp)가 매체적 세계개념을 증명하고 계속 전개시킨다. 그는 고전적 현상학에서 하이데거의 영향아래 “역사들의 철학”으로 나아갔다. 그의 책 『역사들에 휩쓸려 들어가다. 인간과 사물의 존재에 대하여』(*In Geschichten verstrickt. Zum Sein von Mensch und Ding*, 1953)에서 후설이 실행한 수학과 논리학에의 방향설정에서 탈피한다: “수학과 논리학에서 유래한다는 것은 현상학의 강점이자 동시에 약점이다. 나는 후설이 언젠가 현상학의 지속적 확충에 대해 말했을 때 몇몇 제자들로 이루어진 작은 그룹에게 우리는 여전히 역사가를 가져야만 한다고 말했던 것을 기억한다.”(171) 그를 통해 후설이 의미하는 바는 철학사가가 아니라 딜타이처럼 인간적 삶의 역사성을 고려하는 인물이다. 이 인물은 나중에 하이데거로 밝혀졌으며, 그의 실존분석을 샤프가 서사적으로 해석한다. 그는 이야기된 역사들에서 보편적 매체를 인식한다. 그 매체에서 개념과 명제들이 처음으로 특정한 의미를 얻는다. 샤프에 의해 역사들의 매체적 성격이

알려지지 않았지만, 그의 규정들이 명백히 이 방향을 가리킨다. 왜냐하면 샤프가 이해되기를 바라는 역사는 행위, 사건 그리고 이야기 사이에서 전개되기 때문이다. 그러므로 그것의 존재론적 위상은 현실과 가능성 사이에 놓여 있다. 그것의 기능은 구별(들)을 만들고, 연관(들)을 수립하는 데 있다. 그를 통해 대상세계가 "단지 역사들을 통해서 그리고 역사(들) 안에서 출현할 수 있고, 나타나며, 확인될 수 있다."(2). 이것은 특히 감정상태에서도 적중한다: "즐거움, 슬픔, 사랑, 증오는 단지 역사(들)에서만 나타난다."(148) 역사(들)이라는 개념은 물론 전자매체의 다중매체성에 옳게 부응하기 위해서는 구두성(口頭性, Oralität)을 넘어서 확장되어야만 한다.

8.8. 현상학과 문학

사르트르에게 실존범주의 매체화는 후설에 대항하여 "비인격적 의식 영역"에서 자아를 추방하는 것에서 그 정점에 도달했다. 초기 연구 『자아의 초월』(1936)에서 사르트르는 모든 대상적 요소로부터 의식을 근본적으로 정화시키려고 시도한다. 이것은 우리가 주체성에 매체의 위상을 부여할 때만 의미를 가진다. 사르트르는 이것을 "매체"라는 개념을 사용하지 않고 실행한다. 그가 세계를 소박실재론의 의미에서 그 자체로 취하는 반면, 의식을 순수한 현실(*actus purus*)로 파악함으로써 의식을 비실재화하고 그것을 인간실존의 무근거성이 표명되는 매체로 변화시킨다. 여기서부터 분명해지는 것은 현상학과 문학의 결합이 전기적 우연 이상의 것이라는 점이다. 불합리한 세계에서의 고독한 주체의 노출을 묘사하는 소설 『구토』(1938)와 이야기 모음집 『장벽』

(1939)은, (그 안에서) 외견상 자율적 자아가 서술의 대상이 되는 의식상태를 문학적으로 전환시킨 것으로 독해할 수 있다.

후설 자아론의 극복은 사르트르를 한편으로 자기 스스로 매순간마다 선택하는 실존의 자유의 열정으로, 다른 한편으로 세계를 전적으로 소유하려는 과제를 가지는 참여문학이라는 특수한 프랑스적 개념으로 이끌었다. 이때 메시지 개념이 하나의 역할을 수행한다. 이 역할을 통해 과정에 독자가 함께 포함된다. "메시지"는 저자의 의도와 동일하지 않다. 사르트르에게는 한 작품이 저자의 의도를 넘어섰을 때, 저자 자신에게 숨겨진 매체(사르트르는 문체*Stil*라고 한다)가 메시지일 때 성공한 것이다: "인간은 사물들을 나타나게 하는 수단이다. (...) 그러나 우리가 존재의 탐지자(探知者)이긴 하지만, 그 창조자는 아니라는 것도 우리는 또한 알고 있다."(『문학이란 무엇인가』(*Was ist Liteatur?*), 25)[13] 이것은 저자를 본질성(Wesentlichkeit)과 비본질성(Unwesentlichkeit)의 변증법으로 이끈다. 이 변증법은 후설이 표현한 세계의 부분이고자 하면서 동시에 세계에 대한 관찰자(화자 혹은 보고자)로 존재하려는 주체성의 역설에 부합한다. 현상학자인 사르트르와 문학가인 사르트르는 문학적 예술작품에서 세계의 창문이 되는 현상성의 매체에 대한 촘촘한 서술에서 만나게 된다. 의사소통적 매체로서 문학은 세계-내-존재를 저자와 독자가 서로 조우하는, 타자관계와 자기관계, 요구와 충족의 상상적 결합으로 드러낸다.

---

13 역주: 사르트르, 『문학이란 무엇인가』(정명환 옮김), 민음사, 1998, 58쪽.

8.9. 인간 신체의 매체적 확대

사르트르와 달리 메를로-퐁티에게 매체는 의미개념과 결합되어 있다. 그러나 그에게 "의미"(Sinn)는 개념적 사고와 언어적 표현에 제한된 것이 아니라 신체의 매체에서 형성된다. 그는 형태심리학에 기대어 육체 도식과 신체 이미지에 대한 인상적 서술을 제공한다. 이 서술은 어떻게 인간이 감각에서 이미 그의 전체 신체성과 더불어 세계와 결합되어 있는가를 분명히 한다. 여기에서 선도적인 것은 실증주의적 지각개념을 전체가 부분의 합보다 더 한 것이라는 통찰을 통해 제거한다는 점이다. 이때 메를로-퐁티는 추가적인 "상징적 기능"에 대한 가정에 반대하다. 이로써 의식의 물질성이 작동하게 된다. 이것은 후설의 구성 분석에서는 불충분하게 노출되어 있으며, 비로소 메를로-퐁티의 『지각의 현상학』에서 정신주의의 궁극적 극복으로 인도된다.

메를로-퐁티에 따르면 신체의 구조에 미리 형성된 의미구비적(sinnhaft) 지각의 구조는 사회적 세계도 의식적이고 반성된 태도에 선행하여 특징짓는다. 사회생활의 형식들이 비록 물리적이고 심리적인 인간의 체질(구성)에 의해 확정된 것은 아니지만, 이것들은 모든 사회적이고 언어적인 관습의 관계점을 형성한다. 여기가 사회발전의 변증법이 실행되는 고유한 장소이다. 이러한 관점에서 메를로-퐁티는 1950년대 프랑스 마르크주의 논쟁에 새로운 요소를 가져왔다. 이 요소는 보드리야르(J. Baudrillard, 1929–2007)의 '시뮬라시옹' 이론에서 완전히 전개된다. 보드리야르에 따르면 현대 매체에서는 기호가 모든 진리 기능을 상실한다. 그리하여 가상 실재가 미혹의 매체로서 자기 자신을 만족시킨다. 폴 비릴리오(Paul Virilio)의 인간학적 매체이론도 메를로-퐁티에 의존하는데, 이로부터 그는 전자 매체에 대한 비판을 이끌어낸다.

메를로-퐁티의 관점이 맥루한의 매체개념에 인접하다는 것은 그가 즐겨 예로 드는 맹인의 지팡이에서 인식할 수 있다. 그에게 지팡이는 다른 것들 가운데 하나의 객체가 아니라, 신체의 방향설정 능력의 한 부분이다. 맹인은 지팡이를 객체로서가 아니라, 도구로서, 동시에 그것을 통해 그의 주위를 규명하는 기관(Organ)으로서 지각한다. 여기서 메를로-퐁티는 맥루한이 매체를 기관의 확장으로 파악하듯이 신체성의 확장으로 인식한다. 그에 따라 신체는 환경세계가 의의담지자로서 경험되는 매체이다. 그러므로 메를로-퐁티의 구조분석은 형태론에 대한 기여 이상이다. 그것은 "신체의 논리학"을 정식화한다. 이 논리학이 현상학자에게 "우리 자신과 세계에 있어 의미(Sinn)와 무의미(Un-Sinn)의 관계를 파악하는 것"(『지각의 현상학』, 478)[14]을 가능하게 한다고 한다. 후설에게 그것은 명증성과 애매성의 관계이다. 이 관계는 더 이상 논리적으로가 아니라 단지 감성적으로만 경험될 수 있다. 후설의 초월적 현상학에서 지배적인 '근거놓기 사고'가 자리한 위치에 메를로-퐁티에서는 "가시성"(Sichtbarkeit)이 등장한다. 이것은 지각된 세계의 매체적 위상을 증명하는 것이다. 여기서 후설보다 더 강하게 "미학이론"으로서의 현상학이 형식적 매체이론을 향해 치닫는다. 이 이론은 모든 매체과학에게 길잡이로 기능할 수 있다. 왜냐하면 이 이론은 순수한 논리적 구성주의에 반하여 가시성의 구조를 발굴하기 때문이다.

---

14 역주: 메를로-퐁티, 『지각의 현상학』(류의근 옮김), 문학과 지성사, 2011, 640쪽.

8.10. 매체의 해체

마지막으로 프랑스 현상학에 있어서 데리다가 언급될 수 있다. 그는 후설과 하이데거 텍스트를 섬세하게 분석하여 기분(Stimme) 그리고 글(Schrift)과 같은 외적 매체에서의 초월적 의식의 매체적 기능을 세분화한다. 이때 그는 차이의 개념을 통해 작업했다. 그러나 그는 이 개념을 "존재론적 차이"에 대한 하이데거의 언급이 가졌던 의의를 넘어서 확장시켰다. 그렇게 하기 위해 데리다는 프랑스어 단어를 결합해 인공적으로 만든 전문어인 "차연"(différance)을 가져온다. 이 단어는 프랑스어 différer(延期하다, aufschieben)의 이중적인 의미로 작용하고 탈근대적 해체의 암호(Schibboleth)가 되었다. 또한 현전을 현상학적으로 절대적으로 정립하는 것(die phänomenologische Absolutsetzung der Präsenz)은 동일성의 철학에 기인하며, 모든 소여의 기초에 놓여 있는 비동일적인 것을 고려하지 않는다는 사실은 냉철한 지성들에게도 재음미할 수 있는 근본사고이다. 데리다에 따르면 모든 명증성에는 그 해체의 씨앗이 놓여 있으며, 그리하여 후설의 초월주의가 약속하는 안정성은 하나의 기만이라는 것이다. 현상학적 탈근대주의는 세계를, 그것의 중간 영역에서 주체들이 단지 매체로서 경험되는 매체들과 메타 매체들의 결합구조로 해체시킨다. 이에 상응하여 현상학은 학문에서 단어들과 은유들의 곡예라는 기술로 변화한다. 이 곡예가 유행을 타고 성장한 것이 무조건적으로 현상학의 미래에 대한 믿음을 강화시키는 데 기여하지는 않는다. 그러나 유행으로서의 탈근대주의의 쇠퇴와 더불어 현상학이 탈구조주의에게 새로운 지평을 열어주는 데도 기여했다는 것이 인식가능하다.

독일에서는 발덴펠스(B. Waldenfels)가 프랑스 사상가들의 커다란 흐름에서 현상학을 현실과의 대화로서 추구하지만 프랑스 선구자들의 지성적 탐닉으로는 빠져들지는 않는다. 대화는 결코 최종적인 일치에 도달하지 않는 해명과 대답으로 이루어진다. 발덴펠스가 대표하는 입장의 특별한 강점은 그가 현상학과 기호학의 관계를 성찰한다는 데 있다. 여기서 그는 화해될 수 없는 대립을 인식하는 대신 두 고찰방식이 공속적이며, 또한 서로를 보충한다는 것을 명백히 한다. 이 둘은 매체의 개념에서 합류한다. 이 매체는 의의담지자로서 항상 기호에 대한 어떤 것을 가지고 있다. 그러나 이 기호는 퍼어스(C. S. Peirce)의 형식적인 기호모델로 환원되지 않는다. 더 나아가 하나의 매체는 자신의 물질성을 통해 각인된다. 이 물질성은 주제화되지 않으며 기호의 사용자에 의해 의도되지 않은 '근거' 로서 기능한다. 이 '근거' 위에서 의의가 가시적인 '모습' 이 된다.

여기서 제안된 현상학의 매체적 해설에 대해 고전적 현상학의 진영에서 회의가 제기되었다. 후설의 '창시자 요구' 와 하이데거의 '존재열애' (Seinsverliebtheit)가 너무 강하게 현상학의 학술적 성격을 특징지었다. 그러나 바로 여기에 극복되어야 할 한계가 놓여 있다. 이로써 현상학은 미래를 가리키는 그러한 주제를 수용하게 되었다. 예를 들면 지향론적 어휘들의 피안에서 [전개되는] 세계-내-존재의 분석과 같은 주제이다. 이런 방향으로의 첫 번째 단계가 구조개념의 적용이었다. 이 개념을 통해 지향성의 직접성이 깨어지고 기원과 타당성, 삶과 형식을 조화시키는 규칙들에 종속된다. 그로부터 생겨난 어려움은 아직 완결되지 못한 두 번째 단계로 인도한다. 이것은 "구조"를 "매체"로 변형시키는 것이다. 이를 통해 후설의 의식 분석에서 항상 되풀이해서 유효한 대상적 명증성과 형식주의적 기호사용의 이원론이 지양된다. 현상성의 매체는 주체와 객체, 경험과 판단이 인접하는 경계를 이룬다. 이 경계영역을 규명하는 것이 성공할 경우 인간이 과학적 방법의 힘에 대한 신뢰를 바탕으로 건설한 세계가 보여주는 그 타자성과 이해불가능성에서 벗어날 수 있다.

8.11. 보편적 매체이론

문화철학이 항상 문화비판을 수반하듯이 매체과학에는 매체비판도 포함된다. 매체비판은 1960년대 대부분 마르크스주의적으로 정향된 자본주의 비판과 더불어 시작했다. 여기서 현상학은 의식 분석을 통해 규범적 진술을 위한 척도도 제공할 수 있다. 매체의 입장은 흡사 아르키메데스의 점을 형성한다. 여기서 새로운 매체가 단순히 기술 발전의 산물이 아니라 현대 주체성의 단호한 표현이라는 것이 분명해진다: 니체에 의해 수행된 "가상을 통한 세계의 미학적 정당화"의 지속으로서 매체현상학. 그런 이유에서 매체는 메시지일 뿐만 아니라 '정당화'이기도 하다. 이것은 매체화의 시대에서의 자기 자신을 주목하는 인간이 사용할 수 있는 것이다.

물론 현상학의 변형과 더불어 현상학이 경험적 매체과학으로 동화된다는 것을 말하는 것이 아니다. 현상학의 역할은 단지 개념해명의 역할일 수 있다. 이 역할을 이제야 비로소 기반을 다지는 매체과학이 거부할 수 없다. 현상학이 일관성 있게 보편적 매체이론으로 관철되면 발신자-수신자-모델에 고착된 단편적 방향설정은 극복될 수 있다. 이것은 새로운 매체개념을 발전시키는 매체과학에도 도움이 된다. 이 매체개념은 소위 새로운 매체에도 적용될 수 있지만, 오직 기술(Technik)에만 정향하지 않는다. 음악과 언어에서 기술에 이르기까지 지각의 모든 상징 형식을 포괄하는 보편적 매체개념은 특정한 매체의 패러다임에서 획득될 수 없다.

매체과학이 자신의 학문이론적 위상을 해명할 때 항상 반복적으로 인식론적 문제제기의 범위에서의 철학적 매체개념을 참조하도록 지시하는 것은 우연이 아니다. 현대 영화(필름)이론을 예로 들면, 이것이 "유물론적 방향설정"에서 그 범주를 고전적인 의식이론에서 빌려온다는 것도 간과할 수 없다. 가장 빈번하게 참조되는 대상으로는 플라톤의 동굴의 비유, '존재하는 것은 지각되는 것이다' (*esse est percipi*)라는 버클리의 명제, 현상과 물자체의 칸트의 구별 혹은 지각의 연관에서 실질적 현실을 해체하는 마흐(E. Mach)의 시도가 언급된다. 모든 이러한 입장들은 의식의 구조학으로서의 현상학을 통해 비로소 논리적 · 기호학적 차원으로 고양되었다. 바로 이 차원에서 보편적 매체이론이 전개된다.

여기에 후설과 나란히 베르그송이 언급될 수 있다. 그는 주저인 『창조적 진화』(1907)에서 의식을 지속의 경험으로서, 그리고 지속을 "헤아릴 수 없는 매체"(371)[15]로 불렀다. 그는 학문적 개념형성을 통한 현상적 의식의 확장을 기술적 매체인 영화를 통해 설명한다. 과학은 "영화의 방법"에 의해 진행된다. 이 방법은 계기의 화면을 빨리 회전시켜 운동을 가장하는(simulieren) 것에서 성립한다고 한다: "생성을 사유하거나 그것을 표현하는 것이 문제가 되건, 또는 심지어 그것을 지각하는 것이 문제가 되건, 우리는 일종의 내적 영화를 작동시키는 일 이외에는 거의 하지 않는다. (...) 우리의 일상적 사고의 작동방식은 영

15 역주: 앙리 베르그손, 『창조적 진화』(황수영 옮김), 아카넷, 2005, 540쪽. 여기에는 '무게없는 매질' (milieu imponderable)로 표기되어 있다.

화적 본성을 가진다."(309)[16] 화용론적으로 실행된 "일상적" 사고의 작동방식에 베르그송은 직관을 대립시킨다. 이 직관은 시간 흐름의 내적인 구분에 밀착된다. 정확히 동일한 사고를 후설이 따른다. 그는 시간 의식의 지향성을 "파지"(과거지향, Retention, Naherinnerung; Noch-bewußt-haben)와 "예지"(미래지향, Protention, Naherwartung; Vorbegriff)의 공동작용으로 서술한다. 그것과 함께 다음의 사실이 분명해진다: 현상학과 생철학은 의식을 매체적으로 파악하는 데에서 조우하는데, 이 파악이 기원과 타당성을 서로 결합시킨다.

8.12. 현상적 의식과 가상적 실재

현상학을 보편적 매체이론으로 변형하는 것은 탈근대적 인간의 자기이해에게 중요한 귀결을 기대하게 한다. 이 변형은 주체성을 제시(Präsentation)와 재현(Repräsentation), 고유성과 소외, 직접성과 체계, 육체와 기계 그리고 모든 대당(對當)들이 어떻게 불리든 그러한 이원론으로부터 해방시키는 데 기여한다. 물론 전자 매체와 디지털 매체를 통해 인간의 소통이 탈육체화되고 허구와 현실의 경계가 허물어진다는 것은 분명하다. 의식은 자발성과 수용성 사이의 영역을 형성한다. 의식은 단지 자신의 구조에 상응하는 것만을 받아들이며, 그리고 다시 제공한다. 그런 면에서 의식은, 언어 혹은 돈과 같은 특수한 매체에 선행하는, 현실의 매체(das Medium der Wirklichkeit)이다. 그리하여 보편적 매체이론으로서 현상학은 현실 탐구의 새로운 길을 약속

16 역주: 앙리 베르그손, 『창조적 진화』(황수영 옮김), 아카넷, 2005, 452쪽.

하는데, 후설은 전 생애를 바쳐 이 탐구에 매진했다.

의식의 매체적 해석은 현실개념의 유의미한 변화를 결과로서 가져왔다. 초월적 관념론에서 현실의 규준들은 현상들의 영원한 이성 진리와의 일치 및 그것의 상응이다. 그에 반해 현상학은 감각들과 조우하는 것과 같이 소여의 어찌할 수 없음(Unverfügbarkeit)을 통해 "영원한 이성 진리"를 대체한다. 하이데거가 『존재와 시간』의 §43에서 "실재성의 문제"의 해설에서 분명히 한 것처럼, 저항의 경험으로 그것은 끝이 아니다. 인간에 독립적인 현실은 직접적으로 인식할 수 없다. 소박실재론자로서 우리가 우리의 감각인상에 독립적인 현실을 가정하는 것은 개념적 반성의 도움이 아니라, 현상성 자체의 매체를 통해 암시된다. 왜냐하면 감각이 우리를 그렇게 매우 속일지도 모르지만, 그러나 고유한 신체에서 우리는, 내적 환경세계와 외적 환경세계를 인간에게 하나의 세계가 성립하게끔 (그렇게) 서로 결합하는, 실재성을 감지한다. 그래서 우리는 말할 수 있다: 현상성의 매체는 개념적 구성이 아니라 그 안에서 인간이 살아가는 현실이다. 그것은 항상 그렇다. 비로소 전자 매체의 기술이 이러한 사태관계를 가상적 실재의 형식에서 의식으로 가져왔고 탈근대적 삶의 형식으로 만들었다.

8.13. 현실의 구출(Rettung)로서의 현상학

초월적 현상학을 매체 현상학으로 변형하는 것이 실제로 성취될지, 그로부터 방법 이상의 것이 생겨날지 혹은 철학의 자립적인 분과(Zweig)가 성장할지는 알 수 없는 일이다. 그러나 의심할 나위 없이 현상학의 영역에서 무언가가 움직인다는 것에 대한 감수성이 생겨났다.

독일에서 키일(Kiel) 대학의 철학자 헤르만 슈미츠(Hermann Schmitz)가 대표적으로 주장했던 "신(新)현상학"(Neue Phänomenologie)이라는 하나의 견해는 우연히 확립된 것이 아니다. 그의 혼신을 다한(ausladenden) 서술은 감정의 상태와 "분위기"(Atmospähren)에 집중한다. 여기서 그는 세계해명의 유리한 매체를 인식한다. 동시에 그는 의식에 독립적인 실재로 인도할 수 없는 후설의 지향성을 능가한다. 이는 의식영역 자체의 내부에서 인식과 대상의 구별이 실행되기 때문이다. 현실해명의 매체로서의 삶의 감정의 묘사가 그렇게 인상적인 것만큼 "신(新)현상학"(Neue Phänomenologie)은 그러나 또한 전근대적 태도에 그만큼 고착한다. 이 현상학은 얼마나 강하게 현대 문화에서 매체성이 코드화와 상징에 종속적인지를 오해하고 있다. 이것은 바로 상징적 형식 없이는 꾸려나갈 수 없는 신체 경험에도 해당된다. 내부와 외부로 동시에 경험할 수 있는, 고유한 신체의 특별한 위상은 항상 확장을 재촉한다. 우리의 내적 세계는 외적 세계가 되고자 하며, 그 역도 마찬가지이다. 이런 방식으로 인간에게 그를 둘러싸고 있으며, 자신이기도 한 세계의 충만은 해명된다. 그리하여 소위 경험 손실과 현실 손실에 대한 불평은 사태(Sache)를 간과한다.

어느 정도까지 현상학이 보편적 매체과학(allgemeine Medienwissenschaft)으로 발전될 수 있는지는 특히 언어학과 정보과학(Informatik) 사이에서 새로운 학문으로서 자리매김하려고 시도하는 기호학에 대한 관계가 어떻게 형성되는가에 달려 있다. 언어적 기호의 일반 이론으로서 기호학이 이 목표를 제도적으로 도달하지 못했다는 것은 아마도 기호학이 자신의 언어학적 실행을 통해 경험의 선(先)언어적 차원에 도달하지 못했다는 것에 기인할 것이다. 후설은 이 차원을 상관관계 분석에서 해명한다. 현상학은 현상의 양면성에 대한 자신의 근원적 통찰을 기술론적, 사회학적 그리고 미학적 실행에서 인간을 다루는 현대 과학들에 연결 가능하도록 만든다. 후설은 이 개방을 매우 주저하면서 실행했다. 이는 그가 하이데거와 함께 현사실성에의 "퇴락"(Verfallenheit), 세계상실을 조망했기 때문이다. 이것들을 극복하기 위해 후설은 우연적 현실을 "순수한 가능성"으로 변화시키려고 노력했다: "우리는 먼저 세계를 보편적 자기성찰에서 다시 획득하기 위해서 판단중지(*epoché*)를 통해 세계를 상실해야만 한다."(Hua I, 183). 그러나 신학에서 유래하는 세계상실과 세계획득의 변증법은 자족적인 초월적 주체의 내적 세계를 넘어섬으로써 비로소 자신의 힘을 전개한다.

초월적 관념론의 매체적 변형은 현상학이 의의론(Bedeutungstheorie), 이해이론 및 합리성이론에 본질적으로 기여하기를 기대하게 만든다. 모든 논의들은 형식적 체계들의 무모순성에 환원시킬 수 없는 현실의 실재성에 대한 물음에서 연결된다. 특히 당시의 철학을 두 개의 적대 진영으로 분열시켰던, 의식과 언어의 해명되지 않은 관계는 매체의 현상학을 통해 해결될 가능성이 높아질 수 있다. 그 이유는 상호관계에서 서로 마주하고 있는 내적 매체와 외적 매체라는 두 매체가 중요하기 때문이다. 둘 중의 어떤 것에도 "최종적 매체"로서 우위가 부여되지 않는다. 의식의 내용들, 즉 의의들은 간접적으로 되기 위해서는 언어적 표현에 종속된다. 그러나 언어는 자신의 입장에서 사고 없이는 어떠한 초시간적 의의들을 형성할 수 없다. 현실에 다가가는 것은 의식을 통하는 길 이외에 다른 접근 방법이 없다. 의식의 양상들에서 인간은 자기 자신, 타자 그리고 세계와 조우한다. 언어, 이미지 그리고 특히 음악을 포괄하는 "새로운 매체"의 넓은 개념의 의미에서, 미래에 후설과 함께 의식을 "현상성의 매체"로 부르는 것이 허용될 것이다.

Die im Text angegebenen Seitenzahlen beziehen sich auf die hier aufgelisteten Ausgaben. Soweit vorhanden, sind für fremdsprachliche Texte die deutschen Übersetzungen aufgeführt.

Werke der klassischen Phänomenologie

Gesamtausgaben

Husserl, E., Gesammelte Werke (Husserliana), Den Haag 1950 ff./Dordrecht 1984 ff. (Hua)

Scheler, M., Gesammelte Werke, Bern 1954 ff.

Heidegger, M., Gesamtausgabe, Frankfurt/ M. 1975 ff.

Einzelausgaben

Neben den Gesamtausgaben gibt es zahlreiche klassische Texte in Einzelausgaben, von denen hier die gängigsten, für Studierende einigermaßen erschwinglichen aufgeführt sind.

Edmund Husserl

Arbeit an den Phänomenen. Ausgewählte Schriften, München 2003.

Die Idee der Phänomenologie, Hamburg 1986.

Philosophie als strenge Wissenschaft, Frankfurt/M. 1971.

Logische Untersuchungen, Hamburg 1988. (LU)

Ideen zu einer reinen Phänomenologie, Tübingen 2002.

Cartesianische Meditationen, Hamburg 1995.

Erfahrung und Urteil, hg. von L. Landgrebe, Hamburg 1999.

Max Scheler

Erkenntnis und Arbeit, Frankfurt/M. 1977.

Die Stellung des Menschen im Kosmos, Bonn, 2005.

Das Ressentiment im Aufbau der Moralen, Frankfurt/M. 2004.

Grammatik der Gefühle. Das Emotionale als Grundlage der Ethik, München 2000.

Schriften zur Anthropologie, Stuttgart 1994.

Martin Heidegger

Sein und Zeit, Tübingen 2001. (SuZ)

Was ist Metaphysik?, Frankfurt/M. 1998.

Was heißt Denken?, Stuttgart 1992.

Holzwege, Frankfurt/M. 1994.

Der Ursprung des Kunstwerks, Stuttgart 2001.

Nicolai Hartmann

Grundzüge einer Metaphysik der Erkenntnis, Berlin 1965.

Die Erkenntnis im Lichte der Ontologie, Hamburg 1982.

Ethik, Berlin 1962.

Schüler Husserls und der phänomenologischen Bewegung zugehörige Denker

Becker, O., Beiträge zur phänomenologischen Begründung der Geometrie und ihrer physikalischen Anwendungen, in: Jahrbuch für Philosophie und phänomenologische Forschung, Tübingen 1973.

Fink, E., Sein, Wahrheit, Welt. Vor-Fragen zum Problem des Phänomen-Begriffs, Stuttgart 1958.

Ders., Studien zur Phänomenologie 1930–1939, Den Haag 1966.

Ders., Nähe und Distanz. Phänomenologische Vorträge und Aufsätze, Freiburg/München 1976.

Geiger, M., Beiträge zur Phänomenologie des ästhetischen Genusses, in: Jahrbuch für phänomenologische Forschung, Halle/Saale 1913.

Gurwitsch, A., Die mitmenschlichen Begegnungen in der Milieuwelt, in: Phänomenologisch-psychologische Forschungen 16, Berlin 1977.

Hildebrand, D. v., Die Idee der sittlichen Handlung, Darmstadt 1969.

Ders., Sittlichkeit und ethische Werterkenntnis. Eine Untersuchung über ethische Strukturprobleme, Darmstadt 1969.

Ingarden, R., Das literarische Kunstwerk. Eine Untersuchung aus dem Grenzgebiet der Ontologie, Logik und Literaturwissenschaft, Tübingen 1960.

Ders., Der Streit um die Existenz der Welt, Bd. 1:Existentialontologie,

Tübingen 1964; Bd. 2/1:Formalontologie. Teil 1(Form und Wesen), Tübingen 1964; Bd. 2/2:Formalontologie. Teil 2 (Welt und Bewußtsein), Tübingen 1965; Bd. 3: Über die kausale Struktur der realen Welt, Tübingen 1974.

Landgrebe, L., Der Weg der Phänomenologie. Das Problem einer ursprünglichen Erfahrung, Gütersloh 1963.

Ders., Faktizität und Individuation, Hamburg 1982.

Patocka, J., Die natürliche Welt als philosophisches Problem, Phänomenologische Schriften I, Stuttgart 1990; Die Bewegung der menschlichen Existenz, Phänomenologische Schriften II, Stuttgart 1991.

Pfänder, A., Phänomenologie des Wollens. Eine psychologische Analyse. Motive und Motivation, München 1963.

Reinach, A., Die Grundbegriffe der Ethik, in: ders., Sämtliche Werke I, München 1989.

Schapp, W., Beiträge zur Phänomenologie der Wahrnehmung, Frankfurt/M. 2004.

Ders., In Geschichten verstrickt. Zum Sein von Mensch und Ding, Frankfurt/M. 2004.

Schütz., Gesammelte Aufsätze I–III, Den Haag 1971.

Französische Phänomenologen

Allgemein

Waldenfels, B., Phänomenologie in Frankreich, Frankfurt/M. 1998.

Jean-Paul Sartre

Die Transzendenz des Ego. Philosophische Essays 1931–1939, Reinbek bei Hamburg 1997.

Das Imaginäre. Phänomenologische Psychologie der Einbildungskraft, Reinbek bei Hamburg 1980.

Das Sein und das Nichts. Versuch einer Phänomenologischen Ontologie, Reinbek bei Hamburg 1993. (SN)

Bewußtsein und Selbsterkenntnis. Die Seinsdimension des Subjekts, Reinbek bei Hamburg 1973.

Der Existentialismus ist ein Humanismus und andere philosophische Essays, Reinbek bei Hamburg 2002.

Ein Lesebuch mit Bildern, Reinbek bei Hamburg 2005.

Maurice Merleau-Ponty

Die Phänomenologie der Wahrnehmung, Berlin/München 1974.

Die Struktur des Verhaltens, Berlin/New York 1976.

Das Auge und der Geist, Hamburg 2003.

Der Primat der Wahrnehmung, Frankfurt/M. 2003.

Die Prosa der Welt, München 1993.

Emmanuel Lèvinas

Die Spur des Anderen. Untersuchungen zur Phänomenologie und Sozialphiloshphie, Freiburg/München 2001.

Totalität und Unendlichkeit. Versuch über die Exteriorität, Freiburg/München 2002.

Jenseits des Seins oder anders als Sein geschieht, Freiburg/München 2002.

Jacques Derrida

Die Stimme und das Phänomen. Ein Essay über das Problem des Zeichens in der Philosophie Husserls, Frankfurt/M. 1979.

Die Schrift und die Differenz, Frankfurt/M. 1972.

Paul Ricoeur

Die Interpretation. Versuch über Freud, Frankfurt/M. 1969.

Das Selbst als ein Anderer, München 1996.

Vom Text zur Person. Hermeneutische Aufsätze (1970–1999), Hamburg 2005.

Gedächtnis, Geschichte, Vergessen, München 2004.

Michel Henry, Jean–Luc Marion, Marc Richir

Henry, M., Radikale Lebensphänomenologie. Ausgewählte Studien zur Phänomenologie, Freiburg/München 1992.

Ders., Die Barbarei. Eine phänomenologische Kulturkritik, Freiburg/München 1994.

Marion, J–L., Die Öffnung des Sichtbaren, Paderborn 2005.

Ders., Réduction et donation. Recherches sur Husserl, Heidegger et la phénoménologie, Paris 1989.

Richir, M., Phänomenologische Meditationen. Zur Phänomenologie des Sprachlichen, Wien 2001.

Ders., Das Abenteuer der Sinnbildung. Aufsätze zur Phänomenalität der Sparche, Wien 2000.

Zeitschriften, Buchreihen, Lexika/Handbücher

Zeitschriften

Philosophy and Phenomenological Research, New York 1940/41 ff.

Phänomenologische Forschungen, Freiburg/München 1975–2000; Neue Folge: Hamburg 2001 ff.

Husserl Studies, Dordrecht 1984 ff.

Heidegger-Studien/Heidegger Studies, Berlin 1985 ff.

Alter. Revue de Phénoménologie, Fontenay-aux-Roses 1993 ff.

Journal Phänomenologie, Wien 1996 ff.

Phenomenology and the Cognitive Sciences, Dordrecht 2002 ff.

Buchreihen

Phaenomenologica, Den Haag 1958 ff.

Analecta Husserliana. Yearbook of Phenomenological Research, Dordrecht 1971 ff.

Phänomenologisch-psychologische Forschungen, Berlin/New York 1975 ff.

Contributions to Phenomenology, Dortrecht 1989 ff.

Phänomenologische Untersuchungen, München 1995 ff.

Reihe der Österreichischen Gesellschaft für Phänomenologie, hg. von H. Vetter, Frankfurt/M. 1998 ff.

Lexika, Handbücher

Schuhmann, K. (Hg.), Husserl-Chronik. Denk-und Lebensweg Edmund Husserls, Den Haag 1977.

Thomä, D. (Hg.), Heidegger-Handbuch. Leben-Werk-Wirkung, Stuttgart/Weimar 2003.

Vetter, H. (Hg.), Wörterbuch der phänomenologischen Begriffe, Hamburg 2005.

Phänomenologische Gesellschaften (mit Internet-Adressen)

Deutsche Gesellschaft für Phänomenologische Forschung

http://www.phaenomenologische-forschung.de/

Gesellschaft für Neue Phänomenologie (Kiel) www.gnp-online.de

British Society for Phenomenology www.siue.edu/BSP

The Phenomenological Association of Japan

www.soc.nii.ac.jp/paj2/index-e.html

Nordic Society for Phenomenology www.helsinki.fi/filosofia/nsp

Österreichische Gesellschaft für Phänomenologie http://phaidon.philo.at/~oegesph

Society for Phenomenology and Existential Philosophy www.spep.org

Society for Phenomenology and the Human Sciences www.american-philosophy.org/calls_for/sphms.htm

Heidegger-Gesellschaft www.heidegger.org/gesellschaft

Max-Scheler-Gesellschaft www.max-scheler.de

Literaturhinweise nach Kapiteln

Einleitung: Annäherungen an die phänomenologische Philosophie

Vom Neukantianismus aus

Hossenfelder, M., Kants Idee der Transzendentalphilosophie und ihr Mißbrauch in Phänomenologie, Historik und Hermeneutik, in: Ingeborg Heidemann/Wolfgang Ritzel (Hg.), Beiträge zur Kritik der reinen Vernunft 1781–1891, Berlin/New York 1981.

Von der Hermeneutik aus

Misch, G., Lebensphilosophie und Phänomenologie Eine Auseinandersetzung der Diltheyschen Richtung mit Heidegger und Husserl, Darmstadt 1967.

Jung, M., Hermeneutik zur Einführung, Hamburg 2001.

Von der Wissenschaftstheorie aus

Ströker, E. (Hg.), Lebenswelt und Wissenschaft in der Philosophie Edmund Husserls, Frankfurt/M. 1979.

Gethmann, C. F. (Hg.), Lebenswelt und Wissenschaft. Studien zum Verhältnis von Phänomenologie und Wissenschaftstheorie, Bonn 1991.

Von der Sozialphilosophie aus

Schütz, A., Der sinnhafte Aufbau der sozialen Welt. Eine Einleitung in die verstehende Soziologie, Frankfurt/M. 1974.

Grathoff, R./Waldenfels, B. (Hg.), Sozialität und Intersubjektivität, München 1983.

Von der Sprachphilosophie aus

Dummett, M., Ursprünge der analytischen Philosophie, Frankfurt/M. 1988.

Schnädelbach, H., Phänomenologie und Sprachanalyse, in: Allgemeine Zeitschrift für Philosophie 25, Heft 1, 2000.

I. Die Idee der Phänomenologie: Strukturwissenschaft des Bewusstseins

Adorno, Th. W., Zur Metakritik der Erkenntnistheorie. Studien über Husserl und die phänomenologischen Antinomien, Frankfurt/M. 1970.

Aguirre, A., Die Phänomenologie Husserls im Lichte ihrer gegenwärtigen Interpretation und Kritik, in: Erträge der Forschung 175, Darmstadt 1982.

Bernet, R./Kern, I./Marbach, E., Edmund Husserl. Darstellung seines Denkens, Hamburg 1996.

Biemel, W., Die entscheidenden Phasen in der Entfaltung von Husserls Philosophie, in: Zeitschrift f. phil. Forschung 13, 1959.

Blumenberg, H., Die Lesbarkeit der Welt, Frankfurt/M. 1981.

Böhm, R., Vom Gesichtpunkt der Phänomenologie, Bde. 1 u. 2, Den Haag 1968 u. 1981.

Breda, H.L. van u.a. (Hg.), Edmund Husserl 1859-1959 (Gedenkschrift zum 100. Geburstag), Den Haag 1959.

Carnap, R., Der logische Aufbau der Welt, Hamburg 1998.

Dreyfus, H.L., Phenomenological Description versus Rational Reconstruction, in: Revue Internationale de Philosophie 55, 2001.

Gadenne, V./Oswald, M., Kognition und Bewußtsein, Berlin/Heidelberg 1991.

Herrmann, F.-W. v., Der Begriff der Phänomenologie bei Heidegger und Husserl, Frankfurt/M. 1981.

Jamme, Ch./Pöggeler, O. (Hg.), Phänomenologie im Weiderstreit. Zum 50. Todestag Edmund Husserls, Frankfurt/M. 1989.

Kraft, J., Von Husserl zu Heidegger. Kritik der Phänomenologischen Philosophie, Hamburg 1977.

Krämer, S. (Hg.), Bewußtsein, Frankfurt/M. 1996.

Landgrebe, L., Husserls Phänomenologie und die Motive zu ihrer Umbildung, in: Der Weg der Phänomenologie, Gütersloh 1963.

Metzinger, Th. (Hg.), Bewußtsein, Paderborn 2001.

Natorp, P., Allgemeine Psychologie nach kritischer Methode. Erstes Buch: Objekt und Methode der Psychologie, Tübingen 1912.

Sepp, H.-R. (Hg.), Husserl und die phänomenologische Bewegung. Zeugnisse in Text und Bild, Freiburg/München 1988.

Speigelberg, H., The Phänomenological Movement. A Historical Introduction. Third revised and enlarged edition. With collaboration of Karl Schuhmann (Phaenomenologica 5/6), Den Haag 1982.

Ströker, E./Janssen, P., Phänomenologische Philosophie, Freiburg/München 1989.

Stumpf, C., Zur Einteilung der Wissenschaften, Berlin 1906.

Szilasi, W., Einführung in die Phänomenologie Edmund Husserls, Tübingen 1959.

Waldenfels, B., Einführung in die Phänomenologie, München 2001.

Zahavi, D., Husserl's phenomenology, Stanford/Calif. 2003.

2. Die Anfänge: Der Kampf um den wahren Positivismus

Dreyfus, H.L./Hubert, L./Hall, H. (Hg.), Husserl, intentionality, and cognitive science, Cambridge 1982.

Drüe, H., Edmund Husserls System der phänomenologischen Psychologie, Berlin 1963.

Eley, L., Metakritik der Formalen Logik, Den Haag 1969.

Gurwitsch, A., Beitrag zur Phänomenologischen Theorie der Wahrnehmung, in: Zeitschrift für philosophische Forschung 13, 1959.

Herzog, M., Phänomenologische Psychologie. Grundlagen und Entwicklungen, Heidelberg 1992.

James, W., The principles of Psychology, New York 1950.

Lübbe, H., Positivismus und Phänomenologie. Mach und Husserl, in: Bewußtsein in Geschichten, Freiburg 1972.

Münch, D., Intention und Zeichen. Untersuchungen zu Franz Brentano und zu Edmund Husserls Frühwerk, Frankfurt/M. 1993.

Peirce, Ch. S., Die Festlegung einer Überzeugung, in: Texte zur Philosophie des Pragmatismus, Stuttgart 1975.

Ryle, G., Phenomenology and Linguistic Analysis, in: neue hefte für Philosophie, Heft 1: Phänomenologie und Sprachanalyse, Göttingen 1971.

Searle, J.R., Internationalität. Eine Abhandlung zur Philosophie des Geistes, Frankfurt/M. 1987.

Soldati, Gianfranco, Bedeutung und psychischer Gehalt. Zur sprachanalytischen Kritik von Husserls früher Phänomenologie, München u.a. 1994.

Sommer, M., Husserl und der früher Positivismus, Frankfurt/M. 1985.

Staudigl, M., Die Grenzen der Intentionalität, Würzburg 2003.

Tugendhat, E., Phänomenologie und Sprachanalyse, in: R. Bubner u.a. (Hg.), Hermeneutik und Dialektik, Bd. II, Tübingen 1970.

3. Phänomenologische Reduktion: Die Faszination der Möglichkeiten

Aguirre, A., Genetische Phänomenologie und Reduktion. Zur Letztbegründung der Wissenschaften aus der radikalen Skepsis im Denken Edmund Husserls, Den Haag 1970.

Fellmann, F., Phänomenologie und Expressionismus, Freiburg u. a. 1982.

Ders., Phänomenologie als ästhetische Theorie, Freiburg/München 1989.

Fink, E., Die phänomenologische Philosophie Edmund Husserls in der gegenwärtigen Kritik (1933), in: Studien zur Phänomenologie 1930–1939, Den Haag 1966.

Kern, I., Husserl und Kant, Den Haag 1964.

Lembeck, K.-H., Einführung in die phänomenologische Philosophie, Darmstadt 1994.

Mertens, K., Zwischen Letztbegründung und Skepsis. Kritische Untersuchungen zum Selbstverständnis der transzendentalen Phänomenologie Edmund Husserls, Freiburg 1996.

Mohanty, J.N., Logic, Truth and the Modalities from a Phänomenological Perspective, Dordrecht u.a. 1999.

Pauen, M. (Hg.), Phänomenologisches Bewusstsein-Rückkehr zur Identitätstheorie?, Paderborn 2002.

Rinofner-Kreidl, S., Edmund Husserl. Zeitlichkeit und Intentionalität,

Freiburg/München 2000.

Schopenhauer, A., Vom Primat des Willens im Selbstbewußtsein, in: Die Welt als Wille und Vorstellung, Bd. II, Frankfurt/M. 1986.

Tugendhat, E., Der Wahrheitsbegriff bei Husserl und Heidegger, Berlin u.a.[2]1970.

4. Phänomenologie des emotionalen Lebens.

Bermes, Ch./Henckmann, W./Leonardy, H. (Hg.), Person und Wert. Schelers Formalismus-Perspektiven und Wirkungen, Freiburg i. Br. 2000.

Good, P. (Hg.), Max Scheler im Gegenwartsgeschehen der Philosophie, Bern/München 1975.

Großheim, M., Ludwig Klages und die Phänomenologie, Berlin 1994.

Henckmann, W., Max Scheler, München 1998.

Kuhn, H. u. a. (Hg.), Die Münchener Phänomenologie, Den Haag 1975.

Orth, E. W./Pfafferott, G. (Hg.), Studien zur Philosophie von Max Scheler, in: Phänomenologische Forschungen 28/29, Freiburg/München 1994.

Stolloer, S./Vetter, H. (Hg.), Phänomenologie und Geschlechterdifferenz, Wien 1997.

5. Von den möglichen Welten zum In-der-Welt-sein

Arendt, H., Was ist Existenzphilosophie?, Frankfurt/M. 1990.

Averkorn, L., Sorge und Verschwendung. Pragmatische Interpretationen zu Martin Heidegger und Friedrich von Gottl-Ottlilienfeld, Münster/

New York 1996.

Biemel, W., Martin Heidegger in Selbstzeugnissen und Bilddokumenten, Hamburg 1973.

Binswanger, L., Grundformen und Erkenntnis menschlichen Daseins, München ^{3}1973.

Carnap, R., Überwindung der Metaphysik durch logische Analyse der Sprache, in: Christin, R., (Hg.), Edmund Husserl–Martin Heidegger, Phänomenologie (1927), Berlin 1999.

Fischer, K.R. (Hg.), Österreichische Philosophie von Brentano bis Wittgenstein, Wien 1998.

Gethmann, C.F., Dasein: Erkennen und Handeln. Heidegger im phänomenologischen Kontext, Berlin/New York 1993.

Imdahl, G., Das Leben verstehen. Heideggers formal anzeigende Hermeneutik in den frühen Freiburger Vorlesungen (1919–1923), Würzburg 1997.

Marten, R., Heidegger lesen, München 1991.

Pöggeler, O., Der Denkweg Martin Heideggers, Pfullingen ^{3}1990

Rentsch, Th. (Hg.), Martin Heidegger. Sein und Zeit, Berlin 2001.

Rickert, H., Kennen und Erkennen, in: Kantstudien, Bd. XXXIX, 1934.

Trawny, P., Martin Heidegger, Frankfurt/M. 2003.

6. Phänomenologie der Freiheit

Biemel, W., Jean–Paul Sartre in Selbstzeugnissen und Bilddokumenten, Reinbek bei Hamburg 1993.

Danto, A.C., Sartre, München 1977.

Giuliani, R. (Hg.), Merleau-Ponty und die Kulturwissenschaften, München 2000.

Kampits, P., Jean-Paul Sartre, München 2004.

Liebsch, B. (Hg.), Hermeneutik des Selbst-Im Zeichen des Anderen. Zur Philosophie Paul Ricoeurs, Freiburg/München 1999.

Mattern, J., Paul Ricoeur zur Einführung, Hamburg 1996.

Plessner, H., Zwischen Philosophie und Gesellschaft, Frankfurt/M. 1979.

Suhr, M., Jean-Paul Sartre zur Einführung, Hamburg ^{2}2004.

Taureck, B., Emmanuel Lévinas zur Einführung, Hamburg ^{4}2006.

Todd, J., Idealism and Corporeity: An Essay on the Problem of the Body in Husserls Phenomenology (Pheanomenologica 140), Dordrecht 1997.

Waldenfels, B., Antwortregister, Frankfurt/M. 1994.

7. Lebenswelt und Technisierung

Anders, G., Die Antiquiertheit des Menschen, Bd. I: Über die Seele im Zeitalter der zweiten industriellen Revolution, München 1994.

Bremes, Ch., >Welt< als Thema der Philosophie. Vom metaphysischen zum natürlichen Weltbegriff, Hamburg 2004.

Blumenberg, H., Lebenswelt und Technisierung unter Aspekten der Phänomenologie, in: Filosofia Bd. 14, 1963.

Claesges, U., Zweideutigkeiten in Husserls Lebensweltbegriff, in: Claesges, U./Held, K. (Hg.), Perspektiven Phänomenologischer Forschung (Phaenomenologica 49), Den Haag 1972.

Gethmann-Siefert, A./Mittelstraß, J. (Hg.), Die Philosophie und die Wissenschaften. Zum Werk Oskar Beckers, München 2002.

Goodman, N., Weisen der Welterzeugung, Frankfurt/M. 1984.

Ders., Tatsache, Fiktion, Voraussage, Frankfurt/M. 1975.

Grathoff, R., Milieu und Lebenswelt. Einführung in die phänomenologische Soziologie und die sozialphänomenologische Forschung, Frankfurt/M. 1995.

Habermas, J., Theorie des kommunikativen Handelns, Frankfurt/M. 1981.

Hagedorn, L./Sepp, H.-R. (Hg.), Jan Patocka: Texte-Dokumente-Bibliographie, Freuburg/München 1999.

Hamburger, K., Die Logik der Dichtung, Berlin/Frankfurt/M./Wien 1980.

Henry, M., Die Barbarei. Eine phänomenologische Kulturkritik, Freiburg/München 1994.

James, W., The Experience of Activity, in: Essays in Radical Empiricism, New York 1912.

Ders., Das pluralistische Universum, Darmstadt 1994.

Janich, P. (Hg.), Wechselwirkungen. Zum Verhältnis von Kulturalismus, Konstrucktivismus und Phänomenologie, Würzburg 1999.

Luhmann, N., Die Lebenswelt-nach Rücksprache mit Phänomenologen, in: Archiv für Rechts-und Sozialphilosophie 72, 1986.

Müller, S., Phänomenologie und philosophische Theorie der Arbeit, Bd. 1: Lebenswelt-Natur-Sinnlichkeit, Freiburg/München 1992; Bd. 2: Rationalität-Welt-Vernunft, Freiburg/München 1994.

Orth, E. W., Kulturphilosophie und Kulturanthropologie als Transzendentalphilosophie, in: Husserl Studies 4, 1987.

Ders., Edmund Husserls »Krisis der europäischen Wissenschaften und die transzendentale Phänomenologie«. Vernunft und Kultur, Darmstadt 1999.

Rolf, Th., Normalität. Ein philosophischer Grundbegriff des 20. Jahrhunderts, München 1999.

Schnell, M. W., Phänomenologie des Politischen, München 1995.

Steenblock, V., Theorie der kulturellen Bildung. Zur Philosophie und Didaktik der Geisteswissenschaften, München 1999.

Uexküll, J. v., Niegeschaute Welten. Die Umwelten meiner Freunde, Berlin 1936.

Ders., Streifzüge durch die Umwelten von Tieren und Menschen, Hamburg 1956.

Vetter, H. (Hg.), Krise der Wissenschaften–Wissenschaft der Krisis? Im Gedenken an Husserls Krisis–Abhandlung, in: Reihe der Österreichischen Gesellschaft für Phänomenologie 2, Frankfurt/M. 1998.

Welter, R., Der Begriff der Lebenswelt. Theorien vortheoretischer Erfahrungswelt, München 1986.

8. Die Zukunft der Phänomenologie: Eine allgemeine Theorie der Medien

Bergson, H., Essai sur les données immediates de la conscience (dt.: Zeit und Freiheit), Paris 1970.

Dennett, D.C., Consciousness explained, London 1992.

Haardt, A., Bildbewußtsein und ästhetische Erfahrung bei Edmund Husserl, in: Der Mensch als homo pictor?, hg. von H. Kämpf/R. Schott, Bonn 1995, S. 105–113

Holenstein, E., Eine Maschine im Geist. Husserlsche Begründung und Begrenzung künstlicher Intelligenz, in: Orth, E. W. (Hg.), Sprache, Wirklichkeit, Bewußtsein. Studien zum Sprachproblem in der Phänomenologie (Phänomenologische Forschungen 21), Freiburg/München 1988.

Krämer, S. (Hg.), Medien, Computer, Realität. Wirklichkeitsvorstellungen und Neue Medien, Frankfurt/M. 1998.

Lembeck, K.-H. (Hg.) Geschichte und Geschichten. Studien zur Geschichtenphänomenologie Wilhelm Schapps, Würzburg 2004.

Leschke, R., Einführung in die Medientheorie, München 2003.

Luhmann, N., Die Realität der Massenmedien, Opladen 1996.

Matzker, R., Das Medium der Phänomenalität, München 1993.

McLuhan, M., Das Medium ist die Botschaft, hg. von M. Baltes u.a., Dresden 2001.

Sachs- Hombach, K., Das Bild als kommunikatives Medium. Elemente einer allgemeinen Bildwissenschaft, Köln 2003.

Schmitz, H., Was ist Neue Phänomenologie?, Rostock 2003.

Vogel, M., Medien der Vernunft. Eine Theorie des Geistes und der Rationalität auf Grundlage einer Theorie der Medien, Frankfurt/M. 2001.

Wälde, M., Husserl und Schapp. Von der Phänomenologie des inneren Zeitbewußtseins zur Philosophie der Geschichten, Basel u. a. 1985.

/역자 해제/

1. 현상학적 철학과의 새로운 만남

저자가 밝히듯이 20세기 독일철학의 주요 흐름에 속하는 "현상학"은 에드문트 후설(Edmund Husserl, 1859-1939)이 자신의 연구방향에 붙인 이름이다. 후설과 함께 '현상학적 철학함'에 속하는 철학자는 단지 가장 유명한 인물들만 열거해도 셸러, 하이데거, 메를로-퐁티, 사르트르 그리고 데리다 등이다. 이들 모두는 자신들의 출발점을 후설의 근본 발상에서 취하고 있다. 그러나 유감스럽게도 일부 학자들의 관점을 제외하고 현상학적 철학은 과거와는 달리 소박한 지위를 누리고 있다. 보고에 따르면 통일 이후의 15년 동안 독일연방의 새로운 주(州)로 편입된 구동독 지역에서 현상학자들이 석좌교수직을 보유한 적이 없다고 저자는 말한다. 펠만은 이런 상황에서 현상학을 고찰하여 현상학적 사유의 유의미성에 대한 어떤 긍정적인 대답을 제공하기 위해서는 후설의 텍스트를 "부분적으로 결에 거슬러 읽는 것"(steckenweise gegen den Strich zu lesen)이 불가피하다고 한다. 펠만은 어느 정도의 '거리두기'에서 현상학의 근원적이며 영원한 통찰에 접근할 수 있다고 주장한다. 특히 그는 이러한 통찰에 기반하여 현상학의 미래적 형식으로서 매체이론(매체과학)에 대한 논의를 마지막 장에서 전개하고 있다.

현상학과 연관된 첫 번째 어려움은 언어적인 것이다. 현상학에 대한 올바른 이해를 위해서는 먼저 후설과 그 제자들이 사용하는 "완고한 용어, 특히 실질적 논의를 항상 철학자의 자기이해와 결합시키는 열정적 문체"로부터 벗어나 좀 더 많은 사람들이 수월하게 이해할 수 있는 용어로 현상학적 사유세계를 '번역'하는 것이 필요하다. 물론 현상학을 공부하거나 연구하려는 사람은 일차적으로 "매우 비현실적인 느낌을 주는 용어"와 친숙하게 되는 것 이외의 다른 방법이 없을 것이다. 펠만은 이러한 용어에 대한 이해를 위한 "보조수단"으로 비엔나의 현상학자인 페터(H. Vetter)가 편집한 『현상학 개념사전』(*Wörterbuch der phänomenologischen Begriffe*, 2005)을 제시하고 있다.

두 번째로 오늘날 현상학을 이해하기 어렵게 만드는 것은 현상학의 문제제기 혹은 문제의식 자체가 전문화되고 세분화된 오늘날의 철학적 사유와 매우 상이한, '절대적 명증성에 대한 요구'를 담은 근본학'을 추구하기 때문이다. 이것은 칸트 이후 피히테에 의해 대변된 보편적 지식론의 위상에 상응하는 것이다. 후설은 이 요구를 순수한 직관적 인식형식으로서의 "직관"(Intuition)에서 발견한다. 직관만이 "근본성"(Radikalität), 즉 개념을 통해 다가갈 수 없는 소여의 요구를 충족시킨다고 한다. 현상학에서 가장 많이 사용되는 표현들 중에 하나가 '근본적'(radikal)이라는 표현이다. 이를 통해 묘사되는 것은 "근원적 건립함"(Urstiftung)이라는 사고의 절대적 출발이다. 후설은 이와 같은 방식의 기초놓기(Grundlegung)없이는 철학함의 어떤 엄밀한 학문적 진보도 존재할 수 없다고 역설한다. 직관에 기초한 근본학을 거부하고 이성의 한계와 오류를 인정하는 가설형성은 단순한 기술론으로 평가절하되었다.

이런 배경에서 현상학과 현대철학의 주요 흐름과의 관계를 조명하는 것은 현상학의 이해를 위해 필수적이다. 펠만은 기본적으로 현상학과 다른 현대철학의 관계가 외견상 다른 것처럼 보이지만 실제로는 "주제적으로(sachlich) 뿐만 아니라 역사적으로 입증 가능한 잠재의식적 결합이 존재한다"고 주장한다. 심지어 "후설에 대항하는 분석철학의 사상가들, 예를 들면 길버트 라일(Gilbert Ryle, 1900-1976)에게조차도 현상학적 발상은 결코 완전히 사라지지 않았으며, 항상 배후에서 작용했다"고 분석한다. 펠만은 일반적인 해석에 반하여 신칸트학파, 해석학, 반증주의에 기초한 현대의 과학이론, 사회철학 그리고 분석철학까지 외면상의 거리두기에도 불구하고 현상학과 상당한 교감을 보여주고 있으며, 전제나 문제의식들을 공유하고 있다고 주장한다. 이러한 주장은 현상학적 사유의 보편성을 더욱더 강화시키는 측면을 지니고 있다.

이러한 분석을 통해 펠만은 "현상학은 여전히 중요하다!" (Phenomenology still matters!)고 선언한다. 그러므로 현상학에 대한 계속적인 접근을 용이하게 하고 지속적으로 형태지우기 위해 현상학에서 잡동사니를 치우고, 비관습적 해석(Lesart)을 통해 현상학을 오늘날의 문제제기에 연결되는 사고형식으로 부각시킬 필요가 있다. 펠만은 이 입문서가 현상학의 유산을 보존하고 오늘날에도 생산적으로 만들기 위해 제시하는 이념을 후설의 강령적 저술인 『엄밀한 학으로서의 철학』(1911)을 통해 다음과 같이 정식화한다: "철학들로부터가 아니라, 사태와 문제 자체로부터 탐구의 추진력은 출발해야만 한다." (Hua

XXV, 61) 이런 의미에서 현상학적 탐구에 대한 관심이 후설의 고전적 텍스트들의 재생산과 해석 그리고 그의 후계자들에 만족하지 않고, 오히려 그 안에서 오늘날의 문제제기에 대한 답변을 찾는 그러한 사람들에게서 다시 생겨나기를 기대할 수 있다.

이러한 기대와 더불어 펠만은 현상학의 현재성을 다음과 같이 명확히 표현한다. 현상학에의 접근은 현상학이 다른 현대의 사조와는 달리, '이론적으로' 근본적 구성주의를 통해, 그리고 '실천적으로' 매체를 통해 문제가 되어버린 현실개념을 주제화하기 때문에 수행할 만한 가치가 있다. 펠만이 그리는 현상학의 미래는 "현상들의 구출"(Rettung der Phänomene)이라는 고대의 프로그램을 현대적으로 변형하는 시도에 있다. 현상의 구출은 오늘날 단지, 우리 자신이 만들지만 그 매체화에 의해 계속적으로 불투명해진 현실(Wirklichkeit)의 구출 혹은 정당화일 수 있다. 이로써 19세기 철학적 심리학과의 논쟁을 통해 형성된 현상학은 매체과학(Medienwissenschaft)이라는 (하나의) 새로운 관계점을 획득한다. 이러한 전망을 제시함으로써 펠만은 이 책에서 지난 세기의 역사가 되어버린 철학적 사조의 결산 이상을 보여주고자 한다. 비합리주의라는 비판에도 불구하고 현상학은 21세기에도 계속 생존하고, 심지어 자신의 시대초월적인 통찰을 재인식하며, 그 토대위에 새로운 현상학의 지평을 확장할 수 있을 것이다.

2. 현상학적 철학의 기본적 면모

현상학은 현상에 관한 학설이다. 이 개념은 18세기 람베르트(J. H. Lambert)에서 유래하며, 칸트에 의해 사용되었고(*Metaphisische An-*

fangsgründe der Naturwissenschaften, 1786), 헤겔의 첫 주저의 제목으로 사용된다(*Phänomenologie der Geistes*, 1807). 이 저서는 의식의 경험에 관한 학문이다. 그러나 현상학이라는 단어는 실질적 개념(Sachbegriff)이 되지 못하고 책의 제목으로만 머물러 있다. 문제의 핵심에서는(in der Sache) 현상학적 철학은 독일관념론의 사고형식과 거의 관계가 없다. 현상학이라는 개념은 나중에 브렌타노에 의해 "기술적 심리학"(deskriptive Psychologie)이라는 의미에서 채택되었고 그의 제자인 후설에 의해 수용되었다.

비로소 후설을 통해 현상학이라는 개념은 철학적 방법론의 계획과 학파의 명칭으로서 그 온전한 의미를 획득한다. 수학, 논리학, 심리학 등 다양한 공부 및 학문 과정을 거쳐 형성된 후설의 현상학은, 이미 위에서 언급된 것처럼, 일차적으로 철학적 근본학으로 구상되었다. 이 근본학은 순수한 현상을, 그것이 어떻게 지향적인 의식의 객관적 내용으로서 드러나는지, 고찰하고 분석하고 기술해야만 하는 과제를 가진다. 현상학은 기술학(記述學, deskrpitive Wissenschaft)이다. 그렇다고 현상학이 현상과 물자체의 대립이라는 칸트적 의미에서 존립하는 것이 아니다. 대상들의 의식독립적인 자체존재에 대한 물음은 간과되며, 가능적 존재는 괄호 속에 넣어진다. 단지 본질(eidos), 본질내용과 본질구조만이 탐구되어야만 한다. 현상학은 형상학(形相學, eidetische Wissenschaft)이다. (그렇게) 드러나는 것은 감각적 인상들이 아니라 의미내용, 의미형태, 또한 논리적인 사고법칙들이다. 이 법칙은 선험적 필연성을 통해 객관적 타당성에서 미리 주어졌으며 그리고 주관적이며 경험적인 심리적 과정(연상적인 관념결합처럼) 로 환원되지 않는 것이다. 후설은 이미 『논리연구』(1900/01)에서 밀(J. St. Mill)과 분트(W. Wundt)의 '심리학주의' 를 주관주의와 상대주의라고 논박한다. 그에 반해 후설은 지향적 의식의 대상들의 객관성을 그 어떤 주관화로부터 지켜내려고 하다. '사태 자체로!' (Zu den Sachen selbst!)라는 원칙은 철학적 사유에서 전회를 야기한다. 이 원칙은 1900년 이래 괴팅겐에서 신칸트주의의 방법론주의의 굴레에서 진정으로 해방된 것으로서 긍정적으로 받아들여졌다. "사태"(Sachen)라는 표현은 외적 경험의 대상도, 내적 경험의 내용도 지칭하지 않았다. 또한 "사태"는 사실(Tatsachen)이라는 실증주의의 개념과 엄격히 구분된다. 이는 원자론적으로 구상된 "의식의 사실"과는 다르게 "사태"들은 항상 이미 의미(Sinn), 의의(Bedeutung)를 포괄하기 때문이다. 따라서 현상학적 의미에서 "사태"는 목적론적 개념이다. 그것은 파악된 현실들로 묘사될 수도 있다. "사태 자체로!"라는 슬로건(Devise)의 요점은 그것으로 심리학의 실험적 방법을 통해 파악되지 않는 주체성의 의미론적 차원이 부각된다는 데 있다. 이 원칙은 초기 후설의 제자들에 있어서 존재파악과 가치파악의 직접적 실재론의 단초가 되었다.

후설 자신은 더 비판적인 여정을 개척한다. 그는 방법의 문제에 고착한다. 어떻게 순수한 현상이 객관적인 소여(성)에서 모든 해석들과 위장들로부터 자유롭게 제시될 수 있는가? 직관적 체험의 형태를 눈에 띠게 부각시키기 위해 후설은 『순수현상학과 현상학적 철학의 이념들』(*Ideen zu einer reinen Phänomenologie und phänomenoogischen Philosophie*)(1913)에서 '현상학적 환원'이라는 방법을 창안했는데, 이는 주지하다시피 많은 불명료함과 오해를 야기했다. 그는 "형상적"(eidetisch) 환원과 "초월적"(tranzendental) 환원을 구분한다. 전자는 이상적 형태 혹은 유형을 획득하기 위해서 소여를 상상적으로 변경하는 데에서 성립한다. 이 환원은 단순한 본질(Sosein, eidos)에 제한할 것을 요구한다. 현존재(Dasein), 실존(Existenz)은 배제된다, 즉 괄호 속에 집어넣어진다. 그리하여 "세계에 대한 자연적 태도의 근본 테제", 즉 대상들의 나로부터 독립적인 즉자존재에 대한 자연발생적인 가정은 지양된다. 동시에 나의 자아와 그 실제적인 행위의 실존 또한 배제된다. 후설은 이 방법을 나중에 지식형식과 삶의 형식으로 확장시키기 위해 먼저 감각적 직관의 형식에 적용한다. 후자는 외적 세계의 실재성에 대한 자연적 신념의 배제로 정의했다. 그 문제점에 대해 많은 논란이 있었던 이 태도의 방법적 가치는 사물의 존재로부터 그 소여방식에로 관심을 돌림으로써 자연과학적 범주가 더 이상 적용되지 않는다는 데 있다. 그러나 '초월적' 환원은 더 나아간다. '즉자적인' 실존뿐만 아니라 그 어떠한 의식독립성도 배제된다. 현상은 단지 객관적인 의식내용, 즉 의식 일반의 대상으로서 고찰된다. 그와 같이 순수한 의식에서는 내용과 작용, 의식을 가짐과 의식, 노에마(Noema)와 노에시스(Noesis)의 이중성이 드러난다. 단지 대상(Noema)이 작용(Noesis)을 통해 구성되고 재현되기 때문에 대상은 직접적인 '본질직관' (Wesensschau)에서 파악될 수 있다. 여기서 후설은 초월적 전회를 실행한다. 칸트에서와 같이 중요한 것은 의식에서의 대상의 구성 가능성이다. 후설에게 방법적인 배제를 다시 지양하는 것과 즉자존재로 다가가는 것은 성취되지 않는다. 현상학은 그로써 (후설의 표현을 빌리자면) 칸트적 의미에서 '초월적 관념론'에 숨어드는데, 이것은 실재론에 모순되지 않으며 단지 방법적으로 그로부터 눈을 돌린다.

나중에 후설은 '경험의 지평성격' (*Erfahrung und Urteil*, 1939)을 인식했다. 즉 개별현상은 결코 분리되어 주어지는 것이 아니라 미리 그리고 함께 주어진 연관의 지평의 주변 환경 안에 놓여 있으며, '생활세계' (Lebenswelt)의 의미전체성을 통해 규정된다는 통찰이 그것이다. 그리하여 인식의 객체로부터 자유로운 순수 주체도, 주체로부터 자유로운 순수 객체도 존재하지 않는다. 근대적 학문의 이상인 순수한 객관성은 근본적인 위기에 봉착한다(*Die Kriese der europäischen Wissenschaften*, 1936). 생활세계의 경험으로 회귀함으로써 후설은 이후에 많은 철학적 발상을 가능하게 한 새로운 논리적 공간을 개척한다. 이 공간이 세계의 해독가능성(Lesbarkeit)뿐만 아니라 생존가능성(Lebbarkeit)도 보장한다. 그렇게 "생활세계"는 그 안에서 이론과 실천이 단절되지 않은 통일체를 형성하는 세계관계의 상징이 된다. 이러한 인식은 이후 해석학과 과학철학에도 영향을 끼쳤다.

현상학의 방법은(특히 초기 후설의 제자들에 의해) 상이한 주제영역에 응용되었다. 그 대표적인 영역은 논리학과 심리학(A. Pfänder), 존재론(H. Contad-Martius, E Stein), 윤리학, 가치철학, 지식사회학 그리고 철학적 인간학(M. Scheler 외), 미학과 예술철학(R. Ingarden) 등이다. 현상학의 방법적 적용과 관련하여 가장 중요한 사람은 막스 셸러가 되었는데, 그는 칸트 윤리학의 '형식주의'에 대항하여 '실질적 가치윤리학'을 대변하는데, 이것을 그는 가치특성(성질)의 현상학을 통해 전개한다. 가치철학(H. Lotze, H. Rickert, Fr. Brentano 등)의 전통에서 그는 존재와 가치의 이원론이라는 학설을 제시하였으며, 가치에 대해 존재로부터 "최종적인 독립성"을 선언하였다. 셸러는 "가치현상학과 정서적 삶의 현상학은 완전히 자립적인, 논리학으로부터 독립적인 대상영역 또는 연구영역"으로 간주한다. 가치는 합리적으로 인식되지 않으며 '지향적인 감정' (intentionales Fühlen)을 통해 정서적으로 파악된다. 이것은 힐데브란트(D. v. Hildebrand)에 의해 가치들은 순수한 존재에 근거를 두며 그리고 정서적으로 느끼는 것이 아니라 지적 직관을 통해 인식된다는 방향으로 교정되었다. 하여튼 셸러의 가치윤리는 종종 후설의 인식론적 문제제기와 나란히 고유한 업적으로서 고찰된다. 셸러와 후설은 도덕적인 것의 자명성이라는 신념에 의견 일치를 보이는데, 이것은 칸트적 양식에서의 당위윤리학에서는 지나친 것으로 생각된다. 두 사상가에게 완전한(integral) 합리성의 형식으로서의 현상학적 서술에서 실천과 이성은 항상 하나이다. 기본적으로 후설이 진리와 책임을 의식의 두 측면으로 고찰하고 있다는 점에서 셸러의 입장 또한 후설의 관점에서 출발한 것으로 볼 수 있다.

현상학에 전형적인 것으로 존속되는 것은 간접적인 근거지음이 요구되지 않는 직접적인 통찰(후설의 본질직관)에 대한 요구이다. 현상학은 새로운 존재론의 배경으로 자리하고 있다. 하르트만(N. Hartmann)은 '범주분석'을 통해 새로운 존재론을 만들어내려고 하였다. 현상학의 토대위에 또한 하이데거의 실존존재론이 자리한다. "존재론은 단지 현상학으로서만 가능하다." 그러나 하이데거에 있어서는 (후설에 반하여) 본질의 현상학이 아니라 존재의 현상학이 관건이다. 인간 실존의 존재론적 구성의 현상학을 통해 세계-내-존재, 시간성, 역사성이라는 특성을 가진 '현존재의 존재'로부터 (시간으로서) "존재의 의미"가 나타난다. 후설의 인식론적 문제제기로부터 방향을 돌림으로써 하이데거는 시대정신의 변화에 부응했다. 후설과 그의 (초창기) 시대에 중요한 것이 이론적인 확실성, 즉 과학적 진술의 타당성 요구였다면, 새로운 시대, 즉 바이마르 공화국의 인간들을 움직였던 것은 개인의 실존적 불안이었으며, 새로운 정치적 구조와 기술적 성취와 더불어 전후 사회는 그에게 경험상실을 통해 특징지어졌다.

현상학은 프랑스 영역에서 계속 영향을 끼친다. 그 출발부터 문학작품과 철학 사이에서 전개되는 사르트르의 저술은 세계 신뢰가 사라지고, 실존의 임의성 혹은 우연성의 수중에 떨어진 한 인간의 상황을 서술한다. 그러니까 "실존주의"는 "우연성의 이론"으로 번역할 수도 있다. 그것으로 유명한 것이 자신의 철학적 소설 『구토』(1938)에서의 실존경험에 대한 사르트르의 묘사이다. 메를로-퐁티는 지각의 현상학, 그러나 또한 심리적 사회적 구조의 현상학을 추구한다. 리꾀르는 현상학에서 해석학, 특히 상징해석학으로 넘어온다. 이 두 사상가는 여전히 현대철학에서 강력한 영향력을 행사하고 있다.

3. 번역의 동기를 회상하며

현상학과 해석학은 서양, 특히 유럽 현대철학을 대표하는 철학함의 형식(思潮)이다. 예를 들면 독일에서 하이데거, 프랑스에서 리쾨르가, 물론 각기 다른 '관심'과 '목표'에서, 두 사조를 결합시키려는 노력을 경주했다. 후설 현상학이 '사태 자체에로!'라는 슬로건으로 철학적 사유를 전개하면서 궁극적으로 생활세계로 귀환하는 여정은 해석학이 오랫동안 그 터를 잡고 있는 토대인 삶의 현실이다. 그런 배경에서 '해석학의 시대'라는 현대에서도 해석학적 사유는 항상 잃어버린 자신의 반쪽을 그리워하는(에로스) 상태에 머물러 있어야 했다. 솔직히 이것이 역자가 이 책을 번역한 동기이다. 해석학 전공자로서 역자에게는 결핍된 반편(半偏)을 향한 지탱하기 어려운 그리움이 존재했었다. 하지만 선뜻 나설 용기와 밑천이 부족하여 오랫동안 가슴앓이를 해왔다. 이제 세월이 흘러가고 보니 부끄러움보다는 더 이상 지체할 수 없다는 절실함이 더 크다. 이제 사랑을 고백(공부)하는 자세로 현상학의 세계로 발로 내딛는다.

이런 개인적 동기와는 별도로 현재의 철학적 논의가 다시금 현상학에 관심을 기울이게 하였다. 지금까지 우리나라에서는 개별 현상학자들에 대한 텍스트는 많이 소개되었지만 전체 현상학자들의 사상을 개괄적으로 소개한 텍스트는 없는 것처럼 보인다. 그런 배경에서 펠만의 이 '입문서' 는 현상학적 철학의 결산을 위해 매우 중요한 의의를 지니고 있다. '결산' 이라 함은 독일뿐만 아니라 전 세계적으로 현상학에 대한 연구 열기가 조금은 식어가고 있기 때문이다. 이는 간접적으로 현대철학에서 현상학의 위상을 대변해준다. 물론 예를 들면 메를로-퐁티의 『지각의 현상학』같은 저작들이 인지과학, 심리철학과의 연관성에서 새롭게 조명되고 있는 측면이 있지만 전반적인 흐름을 볼 때 현상학은 방향설정을 위한 성찰의 계기가 요청된다고 볼 수 있다. 물론 여기서 말하는 '결산' 은 현상학의 미래라는 지평에서 제기된 관점이다. 더욱 중요한 것은 철학의 유행에도 불구하고 현상학적 운동이 보여준 '사고형식' 과 '삶의 형식' 의 보편성이다. 바꾸어 말하면 현상학은 인간과 세계에 대한 ' 본질적 인식 '을 제공해준다는 점에서 여전히 고전(Klassik)에 속한다.

기존의 훌륭한 소개서도 많지만 후설 혹은 특정 철학자의 사상에 집중되어 있어서 현상학의 전체 지평으로 보여주는 데에는 한계가 있다. 더욱 중요한 것은 현상학의 미래적 전망을 보여주는 텍스트는 드물다. 먼저 이 책은 현상학에 대한 올바른 접근의 가능성을 모색하고 있으며 현상학의 현주소에 대한 객관적인 평가를 토대로 미래의 전망을 제시하려고 시도한다. 특히 현상학의 중심개념들과 해석틀에 대한 논의는 해석학 전체에 대한 면모를 좀 더 분명하게 부각시키는 데 기여한다. 그 다음 후설, 셸러, 하이데거, 사르트르, 메를로-퐁티, 리쾨르로 이어지는 전체 현상학적 사고의 흐름을 보여주고 있으며, 8장에서 「보편적 매체이론」을 통해 현상학의 지평확장의 가능성을 검토하고 있다. 이런 배경에서 펠만의 텍스트는 균형 잡힌 서술을 제공해주고 있다. 책제목에 달린 '입문' (zur Einführung)과는 달리 결코 녹록치 않은 수준에서 전개되는 논의의 수준은 많은 독자들을 만족시킬 수 있을 것으로 기대된다.

전체적으로 원문텍스트에 인용된 내용들을 역주에서 우리나라에 이미 번역된 텍스트로 바꾸어 제시하려고 노력했다. 그러나 일부 표현들은 의미에 맞게 고쳐서 표기되었다는 점을 미리 밝혀둔다. 역자가 독자적인 번역을 제시한 경우는 다른 번역을 역주에 제시하기도 했다. 역자는 이미 작년에 펠만의『행복의 철학사-삶의 기예에 대한 철학적 성찰』(*Philosphie der Lebenskunst*)을 번역한 바 있다. 역자가 보기에 저자의 글쓰기 스타일은 일반 독자들이 읽기에도 부담이 없을 정도로 평이하면서도 철학적 뉘앙스를 잘 드러내는 뛰어난 능력을 가진 것처럼 보인다.

이 번역을 완성하기까지 여러 분들의 도움이 있었다. 특히 장유라 선생님이 많은 시간을 할애하여 텍스트를 세심하게 검토하고 적절한 지적을 해주셨다. 지주현 원생은 참고문헌 작성에 도움을 주었다. 또한 이 책이 출판되도록 도움을 주신 서광사의 김신혁 사장님과 편집부께 감사를 드린다. 마지막으로 미약하나마 이 번역이 좀 더 현상학을 친숙하게 만들고 새로운 추진력을 획득하는 데 도움이 되기를 기대한다.

주제어

저서

학자

학파 및 지명